なれる最高の自分になる

経営コンサルタント
小宮一慶

Discover

はじめに

「小宮さん、なれる最高の自分になるにはどのようにしたらいいのですか？」

という部下の質問が、本書を書こうと思ったきっかけです。「なれる最高の自分」ということをわたしは口癖のように話しますが、具体的にどうすればなれる最高の自分になれるかを説明することが、とても大切なことだと思いました。

書店には、「なりたい自分になろう」、そんなメッセージの自己啓発書があふれています。たしかに、わたしたちには、いま自分が思っている以上の可能性があります。でも、だからといって、なりたいと思ったら何にでもなれる、というわけではない。やっぱり、なれないものはなれません。

けれども、あるとき気づきました。すべての人がなれるものがある、それは「なれる最高の自分」だと。なれる最高の自分を目指すことが、自己実現ということではないかと。

そして、ほとんどの人が、なれる最高の自分を知らないまま、人生を送っているのではないかと。

わたし自身、なれる最高の自分を目指す途上にあります。そのために、日々考え、行動しています。けれども、みなさんより少しばかり先を行く先輩として、なれる最高の自分になる方法を分かち合いたい、それが還暦を迎えた自分の役割である、そう思って、部下に背中を押されつつ著したのが本書です。そして、わたしの自己啓発書の集大成でもあります。

「なぜ生きるか?」から「いかに生きるか?」に

わたし自身、三十歳になったころ、人生の目的について悩んだ時期がありました。人は、なぜ、生きるのか? 何のために生まれてきたのか? ちょうど息子が生まれて、生物学的役割は果たした、と思ったからでしょうか。上司と少々うまくいっていなかったということもあったかもしれません。普通の人が、二十歳前後で考えるような疑問に、生まれて初めて直面したのです。

勉強が好きで面白くて、大学生活を楽しみ、東京銀行に入行し、そこそこの待遇を得て、結婚もし、留学もさせてもらいと、それまで順風満帆、その先も、将来をある程度保障され、不安に思うことはなかったのに、ふと思ってしまったのです。


いったい自分は何のために生まれてきたのか？

なぜ、生きているのか？

自分がいなくても、世の中は何も変わらない。銀行の仕事だって、自分がいなくなっても、誰かができる。このままこうして、何者でもなく生きて、そして、死んでいくのか？

仏教書、特に禅の本、哲学書、安岡正篤先生の東洋哲学の本などを読みあさりました。悟りたい、現状からとにかく脱却したいと思っていたのかもしれません。それでも、答えが見つからなくて、悶々としていたときでした。


「一隅を照らす、これ即ち国宝なり」


墓参りで行ったわが家の菩提寺の出口に貼られたポスターの、伝教大師、最澄の言葉が目に入ってきました。

とかくわたしたちは、世の中の脚光を浴びている人たちや職業にあこがれますが、人それぞれに必ず何か持ち場があって、その場所、すなわち、一隅を照らしていると。そういう教えでした。

大きな衝撃を受けて家に帰り、お風呂に入っているときでした。突然、笑いがこみ上げてきました。

ははは、これだったのだと。

以来、なぜ生きるか、を考えることはやめました。代わりに、いかに生きるか、を考えることにしました。

自分は個人として何ができるのか?

それから数年の間に、わたしの人生は大きく変わりました。

ほどなくして、たまたま出張したニューヨークからの帰りの飛行機で隣り合わせた元外交官で、当時コンサルティング会社を始めたばかりの岡本行夫さんに惹かれて、岡本アソシエイツに転職、そこにいたときに、わたしが以後、生涯の人生の師匠と仰ぐこととなる円福寺の藤本幸邦先生（のちに曹洞宗総本山の最高顧問となられたお坊さんです）と出会い、また、カンボジアPKOに参加もしました。そして、日本福祉サービス（現セントケア・ホールディング）の村上美晴社長との出会いと転職。そこで実際の経営を学んだ後の、経営コンサルタントとしての独立。

すべてが、「一隅を照らす　これすなわち国宝なり」という言葉との出合いを緒にした出来事でした。たとえ一隅であっても、自分の役割を果たそう、自分にできることで世の中に貢献しよう、そう気づいたときからのことでした。

詳しくは、本書の随所で、お話しさせていただきます。

ただ、この気づきには布石もありました。銀行から留学させてもらったアメリカのビジネススクールでの体験です。

アメリカに行って分かったことは、アメリカでは、日本では最初に問われる、どこの組織に属しているか？　ではなくて、あなたはその組織でどんな貢献をしたのか？　が問われる、ということでした。そして、これから、あなたは個人として、属する組織や社会にどんな貢献をしていくのか？　ということでした。組織の力ではなく、個人の力が問われるのです。

ですので、わたしが行ったのは、ダートマス大学というアイビーリーグに属する名門校のひとつでしたが、卒業後の進路としては、もちろん、ゴールドマン・サックスやマッキンゼーなどの名門企業に勤める人も多くいましたが、それと同じかそれ以上に尊敬されるのは、独立して、「ゴールドマン・サックス」のように自分の名前をつけた会社を設立することでした。

いい意味でも悪い意味でも、利己主義。自己が確立していないと、認められない国、それがアメリカでした。


では、わたしの価値とは何だろう？　わたしは個人として、何ができるのか？

それが、それまでの人生、その延長線上の未来の人生に、疑問をいだき始めたきっかけでした。そしてやがて、いつか自分も自分の名前をつけた会社を持とう、そして、人から評価されて世の中に貢献しよう、という思いにつながり、現在があるのです。

なれる最高の自分になるための原理原則

本書は、どこからでも読んでいただけるように、「なれる最高の自分になる」ために知っておきたいことを、六十五の項目に分けて構成しています。その中でお伝えしたいのは、大きく分けて、次の三つです。

①なれる最高の自分になるには、
つねにそれを意識して、具体的な目標を持つこと。
②なれる最高の自分になるには、
人から評価されるだけのアウトプットを目指すこと。
③なれる最高の自分になるには、いまの自分の殻を破ること。

本書では、これらのための「原理原則」を書きました。本書を読まれる方には、いろいろな仕事、組織、立場、年齢の方がいらっしゃると思いますが、どなたがお読みになっても納得していただけることだけを書いたつもりです。原理原則だからです。

たとえば、わたしは経営コンサルタントとして、一部のお客さまに対しては、「環境整備」を徹底してほしいということを言いますが、環境整備を行うことがすべての会社の社員に求められる原理原則ではありません。それは、社員の「基礎力」を鍛えるひとつの方法なのです。

では、基礎力とは何かと言うと、「思考力」と「実行力」です。お客さまが求めるのは、優れた商品やサービスで、基礎力のない社員にはそれを提供することが難しいのです。

基礎力を高めるために、会社のレベルによっては、環境整備を徹底することが有効なのですが、一方、求められる「基礎力」を新卒入社時点ですでに有している社員が多くいるような企業もあります。そのような企業では、環境整備はアウトソーシングして、業務の中で、「思考力」と「実行力」をより磨いていってもよいのです。

いずれにしても、基礎力が十分に高くなければ、お客さまが求める商品やサービスを見つけ出し、提供することができないのです。

ここでの「原理原則」は、ビジネスパーソンには、基礎力として、「思考力」と「実行力」の両方が必要だ、ということです。そして、ビジネスパーソンはその基礎力を高める必要があるということです。

本書では、こうした「原理原則」を述べました。

「なれる最高の自分」を目指す

わたしが愛読する『道をひらく』の著者の松下幸之助さんは、戦後すぐに、「物心両面の繁栄により、平和と幸福を実現していく」との願いのもと、ＰＨＰ研究所をつくりましたが、そこで見出した宇宙の原理は、「生成発展」でした。宇宙も生成発展し、同様に、世の中も生成発展していくものだ、と。

安岡正篤先生がおっしゃっている「生成化育」と同じです。わたしは、ヘーゲルの「弁証法的発展」にも通じるものがあると思っています。つまり、宇宙も世の中も、どんどんよくなっていく。

松下幸之助さんは、宇宙自体が生成発展しているのだから、世の中の発展に貢献する限り、ビジネスは成功する。松下電器でいえば、人々の生活がよりよくなるように良質な家電製品を社会に提供して貢献する限り、自分たちも必ず成功する、という確信を得たそうです。

わたしは、さらに、こう思いました。すなわち、世の中は生成発展していく。そこに貢献していこうとするなら、自分自身も生成発展しないといけない、と。つまり、なれる最高の自分を目指していかなければならないと。

「なれる最高の自分を目指す」ということ自体が、宇宙の原理にかなっているのです。

なれる最高の自分になるためには、現在の自分の殻を破っていかなければなりません。

そのための具体的なノウハウも、基本的な考え方も必要です。

本書では、それをできるだけ自然な形で、行動を起こしていただけるよう書いたつもりです。

世の中は、うまくいくようにできています。

わたしたちも、うまくいくようにできています。

小宮一慶

『なれる最高の自分になる』目次

第1章　なれる最高の自分になる

第2章

なれる最高の自分になることを妨げているものを知る

第3章

なれる最高の自分になるための方法

第4章 なれる最高の自分になるための日々の訓練

第5章

なれる最高の自分になるための考え方

第1章

なれる最高の自分になる

1

なれないものはなれないが、誰でも、「なれる最高の自分」にはなれる

「なれる最高の自分」ということを意識したことがありますか？　自分がなれる最高の自分です。それを目指すことが人生の成功を導くと、わたしは信じています。

一方では、「想ったことは現実化する」と言う人もいます。たしかに、何であれ、想わなければ実現しない、本気にならなければ実現しません。

たしかに、想うことは大切です。すべてはそこから始まります。大きな目標を掲げ、そこに向かってチャレンジしていくことは大切です。

でも、だからといって、想えば何でも実現するのでしょうか？　本気になれば何でもできるようになるのでしょうか？　もし、そんなことを言う上司がいたら、言ってやってください、あなたは本気になって根性を出せば、百メートルを九秒七で走れるんですか？と。

この話を講演でしたら、四十歳前後の聴衆の方から反論がありました。

「肉体的なものは無理かもしれませんが、頭の中、精神的なことだったら実現できるんじゃないですか」と。

そうでしょうか？　もしそうだったら、みんな本気になれば東大に入れる、ノーベル賞がとれる、経営者として大成することになります。すべての人が何でもできるようになれるわけではありません。なれないものはなれないのです。


ただし、重要なのは、ここからです。

多くの人が潜在能力のごく一部しか発揮していません。それは、本気になって頑張っていくことによって開発されていきます。人には、「なれる最高の自分」というものがあり、多くの人はそこに至っていません。なれないものはなれませんが、あなたには、あなたが思っている以上の力があるのです。そして、それは「なれる最高の自分」を目指すところから始まります。

まずはその認識に立つことから始めなければなりません。そのうえで、「なれる最高の自分」になることを目指す――それこそが、人生の目的であり、喜びであり、自分の人生に対する義務ではないでしょうか。

2

なれる最高の自分になることとは、最高の充実感を得ること

オリンピックや世界陸上、アジア競技大会などのスポーツ大会を見ていると、金メダルをとった人はみな例外なく喜んでいます。当然です。

けれども、銀メダルの場合は、人によって違います。ものすごく喜んでいる人もいれば、明らかに不満げな人、悔しがっている人もたくさんいます。一方で、入賞もしていないのに、とても清々しい顔をしている人もいます。

これらの違いはどこから来るのでしょうか？

それは、自己ベストが出せたかどうかの違いだと思います。自己ベストが出たうえで金メダルがとれれば最高だけれど、そうでなくても、オリンピックのような素晴らしい舞台

で、自分の〝最高〟が出せれば、充実感は得られるはずです。つまり、その時点での自分のベスト、つまり、なれる最高の自分を達成した人たちは最高の充実感を得られるのです。そして、その充実感を積み重ねていくことが、幸福な人生というものではないでしょうか。

スポーツの場だけでなく、ビジネスの場でも趣味の場でも、長い時間をかけて「なれる最高の自分」に達した人が、人生の充実感を得られ、自己実現を果たせるのです。

もちろん、その場その場でのなれる最高の自分を目指すとともに、自分の実力をさらに高めて、なれる最高の自分のレベルを上げ続けることも必要です。それもさらに人生を充実させることになります。

電車に乗っていると、暗い顔をした人がたくさんいます。この人たちは、多分なれる最高の自分を目指していない、あるいはそれすら意識していないんだろうなと思います。なれる最高の自分には、それを目指して頑張りさえすれば、誰もがなれます。そして、なれる最高の自分を目指せば、それだけでも生き生きとした人生を送ることができるのです。

3

まずは、なれる最高の自分になることを目指す。すべてはそこから始まる

なれないものはなれないが、誰もが、なれる最高の自分にはなれる、このように言うと、前半部分にだけ反応して、がっかりする人がいます。でも、それは早計というものです。

おそらくは、なれる最高のあなたというのは、あなたがいま、思っているのをはるかに超える存在だからです。なれる最高の自分を目指すことで、あらたな自分の可能性に気づき、あなたの人生は大きく変わるはずです。

なぜ、こんなことを言うかというと、多くの人が、それを目指していないからです。多くの人がなれる最高の自分を目指していない。考えてすらいないように見えるからです。とてももったいないことです。

目指さない理由は、まずは、それを意識していないことにありますが、意識しているとしても、まあ、この程度でいいかとあきらめているか、自分はここまできたといまの自分に慢心しているか。

いずれにしろ、共通するのは、殻を破るのが怖いからだと思います。現在の自分と、なれる最高の自分の間にある溝、あるいは壁を越えるリスクを避けているからです。

殻を破る方法については、後の章でお話しします。

まず、ここでは、「なれる最高の自分になることを目指す」ことを決めてください。目指すだけで必ず到達できるとは限りませんが、目指さない限り到達しません。「散歩のついでに富士山に登った人はいない」のです。だから、ときどき自問してほしいのです。

いま、自分は、なれる最高の自分を目指しているか？　と。

それを目指すことがあなたのエネルギーとなり、活力ある人生の大前提となります。

4 「なれる最高の自分」は思考停止語

なれる最高の自分を目指す際にも注意しなければならないことはもちろんあります。

「なれる最高の自分を目指しなさい」と言うと、「そうか！　もっと成長しなければ！」と、せっせとインプットに励む人がいます。そして、「なれる最高の自分を目指す」と口癖のように言う人もいますが、注意が必要です。この言葉は、場合によっては「思考停止」を生む言葉だからです。

「なれる最高の自分」を目指すと聞いて、反論する人はいません。むしろ「偉いね」とほめてもらえることも多いでしょう。このような思考停止語には注意が必要です。反論のしようがありませんし、それで自己満足に陥ってしまう危険性があるからです。

会社経営で聞かれる「お客さま第一」も同じです。反論のしようがありませんが、商品やサービスに落としこんで具体化しなければ、気合だけということになりかねません。
同様に、「なれる最高の自分を目指している」というのは単に自分にとって都合のいいペースで「頑張っている」だけという場合も少なくありません。

それでは何が必要か？

それは、具体的な目標を持つことです。一生をかけて目指すなれる最高の自分はなかなか決められないと思いますが、なれる最高の自分を意識しながら、一年後などの短期的かつ具体的な目標を持つことならできるのではないでしょうか。それを積み重ねることです。それなしに、本当の意味でのなれる最高の自分になることはできないと思います。

5 評価されるアウトプットを目指す

「なれる最高の自分を目指す」ということと「頑張っている」ということとは、大いに関係はしますが、根本的には別のことです。「なれる最高の自分」には、アウトプットや成果が必要なのです。どんなに本人が頑張っているつもりでいても、そこに他者からの評価、客観的評価が伴わないとしたら、それはただの「頑張り」にしかすぎません。

それは他人の評価を気にして生きなさい、ということではありません。アウトプットに焦点を当てた生き方をしなさい、ということです。さらには、他人から評価されるくらいのアウトプットをしなさい、ということです。アウトプットしか、あなたの周りにいる人や世間は評価できないからです。なぜなら、アウトプットしか周りの人や社会に貢献しないからです。貢献するからこそ評価される、ということです。

もちろん、たゆまぬ良質なインプットなしに、良質なアウトプットもありません。けれども、インプットはあくまでアウトプットしていくための必要条件にすぎません。手段です。周りの人に評価されるくらいのアウトプットを出してこそ、インプットの価値が生まれます。

アウトプットは、言い方をかえれば「社会貢献」です。インプットして自分だけ成長するのは、ある意味、自己満足です。そのインプットを利用して優れたアウトプットをし、周りや社会に貢献していくこと。それこそが成功だとわたしは思っています。

幸せは自分が決めることだと思いますが、場合によっては自己満足だけかもしれません。一方、成功とは、他者が決めることで、評価を得てこそ成功なのです。

その評価は結果として、地位やお金という形になることが多いので、評価が大事だと言うと、結局、お金や地位のために頑張れということか、と考える人もいますが、そうではありません。お金や地位はあくまでもアウトプットの評価であり、結果なのです。お金や地位が結果として得られるくらいのアウトプットを行うことが必要なのです。

6 自分の得意分野でアウトプットし続ける

自慢するようで恐縮ですが、わたしは、なりたいと思ったもののほとんどすべてになることができました。経営コンサルタント、社長（十二人の小さな会社ですが、小宮コンサルタンツという会社の経営者です）、一部上場企業の社外役員、大学の客員教授、ベストセラーの物書き、そして、テレビのコメンテイター。

本業の経営コンサルタントとその会社の経営はともかく、他はみな、自分でなりたいと売り込んだわけではありません。いずれも、なれる最高の自分を目指している過程で、先方からお話をいただいてきました。

どうして可能になったのかなと、振り返ってみると、アウトプット中心に考えてきたこと、しかも、自分の得意な部分にアウトプットを集中させてきたことだと思います。

たとえば、わたしだって若いころから頑張れば、ゴルフで90くらいは切れたかもしれない！　でも、プロゴルファーには決してなれなかったと思います。自分に向いていて、自分が他の人よりも結果を出せると思った経営コンサルタントという道を選んだから、その世界では、おかげさまでそれなりに知られるようになりました。

まずは自分の得意分野に的を絞ることです。そこで実力を高めながら、自分なりの最高を目指すのです。誰にでも、一流になれる領域がひとつはあります。なれる最高の自分を目指すことで、世間から評価されるようになる領域が、誰にでも必ず見つかります。

もし、そんなものはない、と思うのでしたら、分野を狭めればいいのです。どんどん狭い分野を深掘りしていけばいい。そして、その好きなこと、得意なこと、詳しいことを使って、お客さまや働く仲間に喜んでもらえること、社会に貢献できるアウトプットを行うのです。

そして、それが見つかったら、あきらめないで続けます。アウトプットをし続けます。

もし、どうしても見つからなかったら、自分がしたいことを実現しようとしている人を、サポートすることでもいい。なれる最高の自分はそこにもあります。

7

なれる最高の自分になるのは自分の責任。誰かがなんとかはしてくれない

わたしが、なりたいものにある程度みんななれた、それも先方から声がかかって、と言うと、そうか、待っていれば、誰かがなんとかしてくれる、と思ってしまう人もいるようです。そうでなくても、人生、待ちの姿勢、受け身の姿勢の人がたくさんいるように思います。でも、チャンスというのは、準備の整った人のところにしか来ません。主体的に準備をしている必要があります。

「地位は人をつくる」という言葉がありますが、ウソだと思います。地位が人をつくらない場合も多い。

正確には、十分準備ができている人の場合には、地位が人をつくる、です。だって、草野球の選手が、プロ野球の打席に立つ機会を与えられても打てないでしょう？　それと同

じです。準備をして実力が十分にないと、機会が与えられても開花しないのです。

わたしがそのように思うようになったのは、仕事柄、二代目、三代目社長も、サラリーマン社長もと、多くの社長を見てきたからです。そこでつくづく思いました。

社長になってうまくいく人もいれば、そうでない人もいる。

社長になってうまくいく人というのは、社長になる前から、社長にふさわしい十分な能力、実力、考え方を身につけていた人です。それがない場合はうまくいきません。会社の大小を問わず、社長職というのは肩書だけで勝負できるほど甘い仕事ではありません。

では、どのように準備するのか、といったら、これはもう、自発的に成長していくしかありません。経営者の場合だと、「企業の方向づけ、資源の最適配分、人を動かす」ための正しい努力とは何かを知り、それをコツコツと積み重ねていくしかない。誰もなんとかしてくれない、自分で努力をし続けていくしかないのです。

8

一人前と一流は違う

わたしたちは、自分で成長していかなければならない。では、どのくらいのレベルまで？　実はそこが非常に重要です。というのも、一人前になったところで、それまでのような努力をやめてしまう、成長が止まってしまう人があまりにも多いからです。

けれども、一人前と一流は違います。

一人前になっただけでは、お客さまからも社会からも高い評価は得られません。一人前の上には、「一流」という段階があり、高い評価を得られるのは、一流の人だけです。

ここで、一応、「一人前」を定義しておくと、マニュアルを見なくても、先輩に尋ねなくても、ひととおり自分で担当の仕事ができるようになっている状態です。

多くの人がここで成長を止めてしまうのは、その段階にあれば誰も文句を言わないからです。実際、会社は一人前になるまでは成長をサポートしてくれます。手取り足取り指導してくれます。そうしないと、人件費が無駄になってしまうから当然です。

けれども、その先の、一流になるためのサポートをしてくれる会社というのはあまりありません。


一人前になると、多くの上司は、やれやれ、よかったと思います。本人もそう思います。でも、それでは一流にはなれないのです。部下を一流に育てる上司には、部下が一人前になった後も厳しさが必要なのです。厳しい上司に出会ったらラッキーと思わなければなりません。

でも、いちばんいいのは、自分でそれを自覚して、一人前になった後も、自分の力で一流を目指すことです。


一人前と一流は違います。一人前は二流になっただけです。

一流になるためには、自分で成長していかなければなりません。

9

半人前のときの必死さを持ち続ける人が一流になれる

一人前より上に一流があります。だとしたら、一人前は二流、半人前は三流です。

新卒で入社したばかりの新入社員や、異業種の会社に転職したばかりのとき、あるいは人事異動でまったく新しい分野の仕事を命じられたばかりのときなどは誰でも、その職務については、半人前です。そして、半人前のときは、みんな必死になります。必死に、まずは一人前になろうとします。

それは、半人前のままでは格好悪い、ということもあるし、周りに迷惑をかけているのは心苦しい、居心地が悪い、というのもあるでしょう。もし、半人前で必死にならない人がいるとしたら、そんな人に将来はありません。

ところが、そうやって、結構必死に努力して一人前になった途端、多くの人が必死さを失ってしまいます。そうして、二流にとどまります。一流になった人に、案外、不器用な人が多いのは、半人前のときに持っていたその必死さをずっと持ち続けているからではないでしょうか。

不器用な人は、器用な人に比べれば、一人前になるのは遅いことも多い。でも、自分が不器用なことを知っているから、その後も必死に努力をするので、時間はかかりますが、一流になれることが多いのです。

実際、器用な人は、早く一人前になります。すると、周りもちやほやします。そこで慢心してしまいがちなのです。なんだ、こんなものなのかと仕事を甘く見がちです。

でも、そこで満足していたら、一流にはなれません。一生二流のままです。

まさに、ＧＯＯＤはＧＲＥＡＴの敵なのです。

10

身体を休めることは大事だが、心まで休ませてはいけない

たとえば、夏休みやお正月休みの前、「仕事のことなんか全部忘れて休んでこい」――よく聞く台詞です。上司にこんなふうに言われたことのある人は珍しくないと思います。不幸なことに。本当に、そういう上司を持った部下は不幸だとわたしは思っています。

もちろん、身体をリフレッシュする、全然違うことをやって気分転換をするのは、とても大切なことです。けれども、「全部忘れて？」……。

本当に仕事が好きだったら、休み中も忘れないんじゃないでしょうか?!

このことについて、松下幸之助さんは言いました。

「身体を休めることは大事だけれど、心まで休ませてはいけない」

わたしもそのとおりだと思います。

仕事のことばかり考えていなさい、と言っているわけではありません。そうではなくて、休暇で、どこか普段とは違う場所に行ったときでも、これ、仕事に生かせるんじゃないとか、仕事上の課題に対する思いがけない発見があったりする。仕事が好きだからこそ、そう考えられます。そんな生き方ができたら、幸せだと思いませんか？


仕事のことはすべて忘れて休めなんて言う上司は、その人自身が仕事が嫌いなのでしょう。そんな人を上司に持った社員は、とても不幸。一人前にすらなれないかもしれません。

誰でも、好きなことなら、いつでも考えていると思います。ですから、仕事を好きになることが大切なのです。そのためには、ある時点、特に若いときに必死になって仕事をして、仕事についての能力を高めるしかありません。職場は仕事をしに行くところですから、仕事ができないと何も面白くありません。

いまは好きでない仕事を好きになるためには、仕事ができるようになることが大前提です。

11 人はなぜ、なれる最高の自分を目指すのか？

今年四十六歳でまだ現役のイチロー選手は、五十歳まで現役を続けたいと言っているそうです。試合に出られず、普通だったら、プライドが許さないような状況に置かれても、辞めようとする気配はありません。

では なぜ？

すでに百億円単位で稼いでいるはずですから、お金のためではないのは明らかでしょう。

わたしは、かれが「なれる最高の自分」を試しているのだと思っています。

お金も名誉もすでに十分得ているなかで、それらとはまったく関係なく、自分がどこまでいけるか、なれる最高の自分を試したいのだと思います。

日本人プロ野球選手の大リーグへの挑戦の先鞭を切った野茂英雄投手もそうだったと思います。新人時代から日本でも記録の山を築いていたかれは、日本での金銭的報酬と名誉を捨て、周囲の激しい批判を浴びながら単身アメリカに渡り、日本での十五分の一以下の報酬でロサンゼルス・ドジャースとマイナー契約して移籍しました。

イタリアやイングランドのリーグに行くサッカー選手も、必ずしも全員が日本よりいい待遇を得られるわけではありません。それでもかれらが行くのは、やはり世界でいちばん強い人たちの中で自分の実力を試したいからでしょう。なれる最高の自分を知りたいからでしょう。

あなたの中にも、そういう想いがきっと眠っているはずです。

もちろん、野球をしていても、プロの選手になれる人はごくひと握りですし、その中で大リーグに行ける人はさらにごくわずかです。ビジネスパーソンにしたところで、みんながみんな、社長になれるわけではありません。起業したからといって、みんながみんな会社を上場させることができるわけではありません。

それでも、なれる最高の自分を目指す過程で得られる充実感や価値は、イチローや野茂選手のそれと変わりはありません。

第2章

なれる最高の自分に
なることを妨げている
ものを知る

12

人はなぜ、なれる最高の自分を目指さないのか？

なれる最高の自分に向かって挑戦し続ける人がいる一方で、なろうとしない人もいます。そして、実際は、目指さない人のほうがずっと多い。

どうしてでしょうか？

いちばん多いのは、そもそも考えないということ。考える環境にないと言ったほうが正確かもしれません。わたしはそれを「大手企業の子会社の悲劇」と呼んでいます。

以前、誰でも名前を知っている超有名企業の子会社の部長研修を、その会社の社長に頼まれて行ったときのことでした。参加者は十数名。社長や役員は親会社からの人でしたが、社員はみな、子会社採用の人たちばかり。といっても、親会社に引けを取らない福利厚生と待遇です。

研修のテキストとして、ユニクロの柳井正さんの『経営者になるためのノート』を使いました。卓越した経営者が書いたオーソドックスな内容だけに、わたしの考えとほぼ一致していたからです。

以前に研修したときは社長が同席していましたが、今回は来ませんでした。で、その社長がいない研修で、参加者の部長たちに、テキストの感想を聞いたときのことです。本音が出たのでしょう、驚くべき反応が返ってきました。


「こんなもの、下の人たちをだまして使うための方便じゃないですか？　ユニクロって、ブラック企業でしょう？」

「わたしは、会社で働く喜びなど感じたことはありません」

結局、テキストに書いてあることに賛同すると答えた人はたった一人でした。

そこで、なかでも強烈に否定的なことを言う人に、尋ねました。

「あなたは、入社したときから、そういう考えだったのですか？」

かれは、少し考えて、「そういえば、もっとやる気があったような気がします」と答えました。

で、続けて、質問しました。

「いまおっしゃったことをご自身のお子さんが就職するときに、話しますか？」と。

かれは、黙ってしまいました。

九時から五時まで適当に働いて、後は余暇として趣味に生きる。

もったいないな、と思いました。人生の大半の時間を過ごす仕事の場をただやり過ごすように生きるなんて。


でも、それは、かれら自身のせいばかりではないのです。いつも親会社から社長や役員が降ってきて、数字を出せ、結果を出せといったことを言われるばかりで、イノベーションはもちろん、お客さまに喜んでもらうような提案も、なかなか通らない。やったとしても、特にインセンティブはない。

とはいえ、社長と同様、仕事もすべて親会社から降ってくるから、ぬるま湯といえばぬるま湯です。言われたことをそれまでと同じようにやっていればいい。

そうこうするうちに、主体的に考えようにも考えられなくなってしまっていたのでしょう。考える楽しさも忘れてしまっていたのかもしれませんね。

日本を代表するような会社の子会社のことだったので、たいへんショックを覚えました。

それが、その会社に限ったことであることを願いますが……。

あなたの会社、あなたはどうでしょうか？

13

なれる最高の自分になるには、捨てなければいけないものがある

人が、なれる最高の自分を目指さないもうひとつの大きな理由は、それによって失うものがあるからです。

失うものとは何か？

それは、GOODです。先に、「GOODはGREATの敵である」と書きましたが、GREATになるには、GOODを捨てなければならないのです。捨てるというより、否定しなければならない。

「GOODはGREATの敵である」という言葉は、ジェームズ・C・コリンズの『ビジョナリー・カンパニー2　飛躍の法則』の冒頭に出てくる言葉で、原題がまさに、『G

OOD TO GREAT』。そこそこよかった会社が飛躍的に業績を伸ばした原因を、さまざまな企業の調査・分析から導き出した名著なのですが、要は、自己否定というか、現状に満足しないで、つねに上を目指し続けるか否か、そこに違いがあるというのです。

わたしがその言葉に出合ったのは、あるお客さまとの出会いがきっかけでした。地方の製造業で、当時売上は二百億円程度ながら利益は数十億円と利益率の高い、その分野では全国的にも名の通った会社でした。その会社の社長に、先輩の紹介で呼ばれたのです。当時、社長は六十五歳ぐらいでした。開口いちばん、かれが言いました。

「小宮さん、この会社を売上六百億円、利益百億円にしたいんだ。手伝ってくれる?」

だめな会社をよくする方法は、たくさん知っていますが、この会社のようにある程度よい会社をさらにすごい会社にするというのは簡単ではありません。躊躇しましたが、その難しいことを直接頼まれたとあって、コンサルタント冥利に尽きたのも事実です。

で、お引き受けした直後にある人にすすめられて読んだのが、『ビジョナリー・カンパニー2 飛躍の法則』であり、その冒頭にあったのが、「GOODはGREATの敵である」という一文でした。

そして、悟りました。

「GOODな会社をさらにGREATにするには、GOODを否定することから始めないといけない」と。

個人についても同じことが言えると思います。

わたしももう食べるのには困っていないし、どこに行っても割とちやほやしてもらえます。でも、そこに甘んじていてはいけない。それどころか、いまの自分を全否定するくらいでないといけない。いつもそう思っています。

そのことを身をもって教えてくれたのは、やはりわたしのお客さまで、一代で東証一部上場企業を築き上げた社長さんでした。かれと二人で食事をしていたときのこと。話の流れから、わたしが「反省が大事ですね」と言うと、かれが言うのです。

「小宮さん、反省じゃ足りないんだよ。自己否定だよ」と。

つまり、いまうまくいっているとしても、もっと違うやり方があるんじゃないか、もっとやれることがあるんじゃないかと、つねに考え続けることができるかどうか、それが問われるのです。

このとき、決め手となるのは、「もっと違うやり方」を見つけることだけではありません。いまうまくいっている方法をも、ときには捨てる決断です。

自分を肯定することもある程度は大事だと思いますが、一代で一部上場会社をつくるような人たちは、やはり人一倍、向上心が強い。いまの自分で満足しません。

つまり、なれる最高の自分を目指し続けているのです。

14

なれる最高の自分は、毎日の延長線上にはない

毎日忙しくて、目の前のことに精いっぱい。とても長期的な自分の目標なんて考える暇はない。そう言いながらも、結構、楽しそうにしている人は少なくありません。あるいは、そうして、今日も充実していた、よく働いたなと一杯飲んで寝る、とそれを繰り返している人も少なくありません。

目の前のことの忙しさによって、ある程度、満足してしまっているのでしょう。あるいは、毎日精いっぱいやっていたら必ず何がしかの結果を得られる、そう思っているのかもしれません。

精いっぱいはもちろん大切ですが、ひとつ言えるのは、それだけではなれる最高の自分にはなれないだろうということです。毎日の延長線上に、なれる最高の自分があるとは思えない。完全に否定はしませんが、可能性は極めて低いと思います。

いつも言っているのですが、散歩のついでに富士山に登った人はいない。富士山にも、目標設定と計画がある程度はないと登れません。仕事も、そのうち、そのうちと言っているうちに、忙しさにかまけて、まあこんなものでいいか、と思うようになってしまいます。あるいは、低い目標で妥協してしまう。

忙しいという字は、心をなくすと書きます。やはり、心も、志もなくしてしまうのです。

「足は大地に、目は星に」——これは、アメリカのルーズベルト大統領が語ったとされる言葉です。毎日のことを一生懸命やることはとても大事なことです。けれども、それと同時に、高い志や目標を掲げることも必要なのです。

15

毎日、目標を持って生きる

今日も電車の中で朝からゲームをやっている人を見ました。三、四十代の会社員です。本当にもったいないなと思います。その人自身の将来ももったいないし、会社ももったいない、そして社会にとっても、もったいない。だって、そうやって五年も十年も続けていたら、それはもう依存症。社会に付加価値をもたらすどころか、逆に、将来、生活保護を受ける身になるかもしれない。まさに社会の損失です。

なぜ、ゲームにはまるのか？　ひとつには、そこでリアル社会では得られていない達成感や快感が得られるからでしょう。リアル社会では満たされない自己承認欲求が満たされるからでしょう。本当のリアルワールドで、特に仕事の世界で、それを得られないのは不幸なことです。

わたしが、こんなに熱くこのことを話してしまっているのには、わけがあります。実は、わたしも昔、銀行員だったころ、パチンコにはまっていたときがあったのです。いまにして思えば、若干、依存症気味だったかもしれません。

しかし、二十数年前に独立してからは一度もやっていません。やりたくなくなったのです。とにかくたいへんだったからです。三十八歳で資本金一千五百万円の会社を三人で始めたのですが、事務所を借りたり、給料を払ったりで、二、三カ月経つと、資金はもう半分になっていました。

必死でした。このままお客さんがとれなかったらどうしよう、この先やっていけるのだろうか、と不安でした。自分がとってしまったリスクに少し怯えましたが、その分必死でした。

しかし一方で、わくわく感もありました。それは、パチンコで感じるスリルやわくわく感などとは比べものにならない強烈なもので、だから、パチンコに行きたくなくなりました。まずは独立して採算がとれるようにする、その切実な目標がわたしを変えたのでした。

16

バックアッププランを用意して挑む

新しい何かを得ようとしたら、いま持っているものを手放さないといけません。手放さない限り、次のものはつかめません。

ただし、これは難しいし、怖い。

それまでの安定した生活を手放し、ろくにお客さんもいないのに、独立の道を選んだわたしも、じつは恐れでいっぱいでした。

ただ、わたしの場合、バックアッププランは考えてありました。家族を路頭に迷わすわけにはいきませんでしたし、自分もだめになってしまうというのは避けたかった。だから、いざとなったら、外資系の金融機関や企業に勤めれば、そこそこは食えるだろうという見通しを立てたうえで、独立を決めました。

逃げ場をつくっていたわけではありませんが、そのくらいのバックアッププランは用意しておかないと、怖くて思いっきり働けないとも思っています。

ある程度リスクをとらない限り、得たいものは得られません。しかし、ビクビクしていては、うまくいくものもうまくいきません。そのためにも、いざというときのために、バックアッププランを持つことも必要です。

17 やらない理由よりやる理由を選ぶ

口で言う割には、なかなか行動に移さない人がいます。何か新しいことが提案されるたびに、やらない理由を詳しく出してくる人もいます。結構頭のいい人に多かったりします。そういう人は、いつも、「やる理由」より「やらない理由」を優先させます。そしてやがて、やらないことを正当化し始めます。

それを回避するにはどうしたらいいのか？

企業の中では、信賞必罰を徹底するしかないかもしれません。つまり、降格のある会社にすることです。現在、降格のない会社が少なくないのですが、そうなると地位が高くなればなるほど、守りにしか走らなくなります。

個人をとってみても、なれる最高の自分を目指すと、必ず、何らかの障害にぶち当たるものです。他のことをやるための時間を犠牲にしないといけないことだってあるでしょう。たとえば、なれる最高の自分を目指して最高のアウトプットを行こうと思ったら、追加的な準備が必要です。ものを書くにも講演をするにも、日ごろからの準備が要ります。休みの日に本を読んだり、いろいろなものを見に行ったり、聴きに行ったりする必要も出てきます。そこで、葛藤が始まります。なぜここまでやらないといけないのか？　と。

ものすごく好きなことだったら苦にならないかもしれませんが、やらなくても食える、やらなくても誰からも文句を言われない、となると、人はやはり、やらない理由を考えます。子どもの面倒を見ないといけないとか、疲れている、あるいは、ちょっと体調がよくないとか、やらない理由はいくらでも考えられます。どれも至極もっともな理由です。

いずれにしても結局は、消極思考か積極思考か、ということでしょう。

積極思考になるためには、心の習慣づくりが必要です。つまり、やらない理由を考え始めたら即座にそれを否定し、やる理由、やる方法を考える習慣を持つことです。

18

「目的」と「目標」を取り違えない

何度も言うように、散歩のついでに富士山に登った人はいません。なれる最高の自分になる！　と決めたら、そのための具体的な目標と実行のための計画が必要です。

では、目標はどのように立てたらいいのでしょう？

ここで、まず、「目的」と「目標」の違いをはっきりさせておきましょう。

目的というのは、最終的に行き着きたいところ。いわば、自分の存在意義そのものです。

これに対し、目標は、その通過点、目的達成のためのマイルストーンであり、手段です。

たとえば、わたしの仕事の「目的」は、「関わるお客さまによくなっていただくこと」。お客さまというのは、わたしが関わっている会社もそうですし、いまこうしてわたしの本を読んでくださっている読者のみなさんもそうです。みなさんがよくなることで、わたし自身が評価され、わたしの会社がよくなることにもつながっていきます。

その目的を達成するための「目標」のひとつが、本の執筆です。

その昔、本を百冊出すという目標を立てました。自社のセミナーなどで、最初にそれを宣言したときは、みなさん、できっこないといった表情で笑っておられたものですが、この本は、わたしの百四十三冊目に当たります。

しかし、百冊という本の出版点数の目標は達成できましたが、わたしの目的が達成されたかというと、そこに終わりはありません。わたしが仕事を続ける限り、関わる人たちの人生がよくなって成功していただくという目的は続いていきます。

つまり、目標より上位の概念が目的です。何のためにやるのか、最終的に行き着くところはどこかを示すのが目的というものですから。

目標も立てずに、「なれる最高の自分になる」と言っても口先だけで終わってしまいますが、それ以上に、何のために、その目標を達成するのか、という目的がはっきりしないと、エネルギーが続きません。

さらには、目的の意義をしっかりと理解していなければなりません。目的と目標を混同し、目標が目的化することもあります。それはたいへん不幸な結果をもたらすことにもなりかねません。

分かりやすいのは東芝の例でしょう。

東芝という会社はもともとは、社会をよくしよう、社会のインフラを整備しよう、というところに存在意義（＝目的）がありました。売上高や利益は、その「目的」を達成するための手段や評価基準でした。

つまり、売上高や利益は「目標」で、「目的」の下位概念にすぎません。

東芝がおかしくなってしまった最大の原因は、目標が目的化してしまったことにあったのだと思います。

東芝に限らず、会社がおかしくなるときというのは、たいていそうです。目的と目標の違いなどを十分に理解しない、生き方や経営の根幹を勉強していない人がリーダーとなると、自身の人生だけでなく、その組織全体までもおかしくするのです。

個人的にも、よくありますね。そもそも家族を幸せにしよう（目的）、そのためにマイホームを買おう（目標）と、寝食を忘れて必死で仕事し過ぎて、病気になってしまったとか、単身赴任から帰ったときには家族がいなくなっていたとか……。

いつのまにか、目的と目標が入れ替わってしまっていたのです。

19

五十にして命を知ってもいい

何が目的で何が目標なのかを、つねに自分で分かっていることが、とても重要です。けれども、実はこれはたやすいことではありません。特に、自分の人生の「目的＝存在意義」を見出すことは、結構難しい。

論語に、「五十にして命《めい》を知る」とあるところをみると、あの孔子でさえ五十歳になるまで、命、つまり自分が本当の意味で何のために生きているのかが分からないでいたことになりますから、いわんや、われわれのような凡人なら、というところでしょう。

ここで、ひとつだけちょっと安心する（？）エピソードをご紹介すると、その昔、所得税の最高税率が七十％だったころ、「わたしは税金を納めるために働いています」の発言でも知られた、あの松下幸之助さんも、最初は、税金を納めるのが嫌だったし、人はお金のために働くものだと思っていたようです。

それがあるとき、偶然、とある宗教施設を訪れることになり、そこで、信者さんたちが実に生き生きと働いているのを目にしました。松下さんは「そんなに一生懸命働いて、いくらもらえるのか」と問いました。それに対し、「神様のために働かせてもらっているのに、お金をいただくなんてとんでもない」と答える信者さんに、雷に打たれたような衝撃を受けたそうです。そして、悟ったそうです。

本当に人が生き生きと働くのは、お金ではなく、使命感があるときだと。

こうして、いまのパナソニックにも受け継がれる会社のミッションが生まれました。すなわち、「産業報国」、自分たちの事業を通じて国に報いる、社会に貢献するという会社の存在意義であり、「目的」です。

一九一八年の創業から十五年後の一九三三年、松下さんは使命に目覚めました。その年を命知元年、すなわち命を知った年として、松下さんは創業記念祭まで開いたそうです。それだけ「命を知る」ということは難しいことですが、逆にそれを知ることは、人生や経営を変えるほどの大イベントともなるのです。

20

目的を見つけるまでは、まず、短期間の目標を立てる

目標が目的化してしまう理由のひとつは、目標に比べて、自分が生きる意義はこれだ！という「目的」を見出すことがなかなか難しいからです。まだ、見つからない、という人はどうしたらいいのでしょう？

そのためには、まず、目の前のことを一生懸命やることだと思います。さらには、それだけでなく、すぐにできそうな小さな目標を立てて、それをひとつずつクリアしていくことです。そして、その目標の質を上げていく。

わたしは、長期的な目標が見つからない場合でも、毎月の目標を立てることをおすすめしています。毎月一日に、仕事上の目標とプライベートの目標を立てることを試してみてください（『小宮一慶のビジネスマン手帳』（ディスカヴァー）をご活用ください）。

仕事上の目標を立てる場合には、目の前の仕事の目標を立ててもかまいませんが、できれば、自分の実力を上げる目標を立てる。具体的には、仕事に関係する本を読むとか、自分の仕事に役立つところや人を訪問する、セミナーに出席するなどです。

いちばんいいのは、いまの自分の仕事に直接役立つ目標、資格を取るなどです。そうすれば、仕事の実力も上がるし、周りの評価も上がります。そうなれば、仕事も楽しくなりますし、エネルギーの源泉である「自尊心」や「自負心」も高まります。

自尊心とは、自分はかけがえのない存在だと思う気持ち、自負心は、自分ならできると思う気持ちです。職場は仕事をする場所ですから、まず、仕事ができることが大前提です。そうすれば、自負心が芽生えます。さらに、仕事ができれば、周りの評価も高まりますから、自尊心も高まります。そのためにも、仕事の能力を高めることが大切です。

プライベートの目標も大切です。家族と食事に行くことや、友人と旅行に行くなどです。仕事を充実させることが人生を充実させる大きな源ですが、それでも、仕事だけの人生は味気ないものです。特に、子どもとの時間は取り戻すことができません。そして、すべての目標を毎月クリアする必要はありません。それでも目標を立て続けることが大切です。

21

志は気の帥

目標の上に目的があるというお話はしました。さらに、その目的が昇華したものが「志」だとわたしは思っています。

志という字は、士（さむらい）の心と書きます。司馬遼太郎さんが、「士というのは人間の芸術品」と何かに書いておられましたが、わたしも同感です。世界にも稀な存在です。自分の命よりも上位概念に、藩や国家を置いているわけですから。

坂本龍馬を見ても、西郷隆盛を見ても分かるように、志や理想を持つとき、人はとてつもないエネルギーを出せます。世の中をよくしようという人はみな、理想主義者で、その理想が人を強くします。ものごとを現実に妥協させると、エネルギーを失います。

よく、自分一人ならともかく、会社全体を変えるのは難しいとあきらめている人がいますが、薩摩や長州の下級武士たちが二百六十年の幕藩体制を変えたことを思えば、できないはずがありません。そこに突き上げられるような理想、志があれば、ですが。

一方、ときどき目標達成率が八割ならまあいいか、というようなことを言う人がいますが、そういう人の人生はやっぱり八割で終わります。それを積み重ねれば、八割のまた八割の六十四％、さらに、そのまた八割の五十一％にも満たないということにもなりかねない。それでいいという人を否定はしませんが、そんな人ばかりでは世の中も会社もよくなりません。やはり、本書を読んでいるあなたには、なれる最高の自分を目指してほしい。

そして、その原動力が「志」です。

わたしの好きな言葉に、「志は気の帥（すい）」という言葉があります。これを教えてくれたのは、イエローハットという自動車部品販売会社の創業者、鍵山秀三郎さんです。わたしがまだ三十そこそこで、ちょうど仕事に迷いを感じていたころ、お目にかかる機会があり、ノートに直筆で書いてくださいました。志は気の親分。志があれば、気持ちが出てくる、という意味です。

鍵山さんは全国で、お掃除で社会に貢献する活動もずいぶん長くやっておられます。まさに、志からそれをなさっているのです。

22

欲のレベルを高める

わたしの人生の師匠は、九十九歳まで生きられた藤本幸邦先生という曹洞宗の禅寺のお坊さんですが、「欲がないのはだめ」と言っておられました。欲はエネルギーの源だからです。ただし、「欲はエンジンだが、理性というハンドルとブレーキがなければいけない」ともおっしゃっていました。

わたしは、欲にはレベルがあると思っています。自分のことばかりを考える欲から、周りの人や組織、世の中全体のことをよくしようと考えるような欲までです。

もちろん、わたしも含めて人間はなかなか私利私欲から逃れることができません。しかし、ある時点から、欲のレベルが高まるかどうかで、その人のその先の人生の幸せや成功の度合いも変わってくると考えています。

仕事柄、長いおつきあいの創業経営者の方々がたくさんいます。創業当時は、みなさん、必死です。食べていかなければなりませんからね。それに、失敗すると格好悪い。必死になると何らかの結果が出ます。そして、ある程度稼げるようになると、二とおりのタイプに分かれます。

ひとつはお金の虜になってしまう人。お金があれば、いいスーツも着られるし、いい店にも行ける。ホテルに行ってもちやほやされます。お金で多くのものが手に入りますから。もうひとつは欲のレベルを高められる人。ここまで来られたのは、お客さまや社員のおかげ、周囲の人や社会のおかげと、社会貢献や「利他」を目的としていく人です。欲のレベルが高まった人です。

社会の視点、お客さまの視点、従業員の視点など、自分以外のところに視点を持てるようになり、これまで以上にかれらに貢献しようと考えるようになること。それが、欲のレベルを高めるということです。

そして、実際、そういう人がさらに伸びるのは明らかです。なぜなら、周りの人や社会からさらに評価されるからです。

やはり、長期的に成功する人は、自分以外のところに視点を持っているのです。うまくいかない人というのは、だいたい自己中心的です。自分のことしか考えていないから、人から嫌われる。嫌われないまでも、たいして評価もされず、関心も持たれないのです。

「目的」を見つけるときには、自分が社会や他者に貢献できることは何だろう？　と考えてみることです。そう考えられるようになれば、かなりの前進です。利他心は、なれる最高の自分に向けての大きな推進力となるのです。

第3章

なれる最高の自分になるための方法

23

なれる最高の自分は、具体的なアウトプットで示す

わたしの会社の社員に働く意気込みなどを尋ねると、当然のことながら、「なれる最高の自分を目指します」と言います。最初のうちは、わたしもそれを聞いてうれしく思っていましたが、しばらく前から少々疑問に感じてきました。

ちょっと待てよ。それって「頑張っています」と言うのと同じく、「お客さま第一」と言いながら、電話の研修ばかりで、お客さまを訪問したり、商品開発しようとしない会社と同じ。自分のペースでインプットで自己満足しているだけじゃないかと。

「なれる最高の自分」を目指すことに反対する人は少ないと思いますが、それだけでは、思考停止語だということにも注意が必要です。それを具体化、特にアウトプットで示さな

い限りは、誰にも評価されないということです。具体化しなければ単に「頑張っている」と言うだけの人と同じです。

まだまだ、インプットで満足する人が多いように思います。「なれる最高の自分を目指して」、インプットに励みます。それ自体は悪いことではありませんが、けれども、なれる最高の自分に近づいているかどうかを決めるのは、具体的なアウトプットだけです。どんなアウトプットをどれだけ行ったか、そのアウトプットが人からどれだけ評価され、ひいては、世の中にどういう貢献をしたか、です。

わたしは「幸せ」は自分で決めるもの、「成功」は周りの人や社会が評価するものだと思っています。第三者の評価です。それを得るにはアウトプット以外にはありません。いちばんいいのは、周りの人や社会に貢献して成功し、それを通じて幸せになることです。幸せだけだと自己満足で終わってしまうかもしれません。

わたしたちが評価されるのは、具体的なアウトプットを通じてです。アウトプットに焦点を当てたインプットをしなければならないのです。インプットはアウトプットのため、つまり成功のための手段にすぎません。

24

まず、一年後になれる最高の自分を目指す

生涯を通じてなれる最高の自分を目指したいと思っていても、それがどういう自分か、というと、イメージするのは実際のところ難しいものです。若い方ならなおさらでしょう。けれども、一年後ならどうですか？　一年後になれる最高の自分なら？　一年後には、具体的にどうなっていたいですか？

一年後ぐらいなら、ある程度はイメージできるはずです。そういう具体的なイメージがあれば、頑張ってます、で終わってしまうことはありません。

つまり、アウトプットの具体的なイメージを持つ、ということが大事なのです。そして、最終的には周りの人や世間が評価するレベルのアウトプットを目指すのですが、とにかく、それに向かっての一年後のイメージを持つことです。

そのためには、たとえば編集者が、一年後には、十冊の本を出している、そのために売れそうな新人作家十人と打ち合わせをしている、といった具合に、数字で示すことも必要です。わたしなら、一年間で、あと五冊の本を出している、テレビに百回出ている、講演を百カ所でしているといった具合です。その数字が具体的な目標ともなります。

「頑張っている自分にごほうび」と言う人も少なくありませんが、その言葉を聞くと、わたしは「成功しない人だな」と思います。頑張っているということを具体化しないと、何も達成せずに、単にごほうびだけが目的となってしまうことも少なくないからです。具体的な達成目標を決めて、それを達成したらごほうびということにする必要があります。

まずは、一年後の自分を考えてみてください。それも具体的に。そこがスタート台になります。

25

人生のステージが上がることを目指す

アウトプット、それも良質のアウトプットをすることは、人から評価されることですから、もちろん、成功に近づきます。わたしは、仕事（アウトプット）の最大の報酬は、次の仕事をいただけるかどうか、それもそれまでよりもレベルの高い仕事をいただけるかだと考えています。仕事のレベルが上がれば、結果的には報酬にも反映されるでしょう。

わたしの場合だと、年に百回程度は講演をしていますが、初めての仕事でリピートがあるかどうかを、その講演が成功したかどうかの判断基準にしています。「いい話を聞きました」「経営のヒントになります」という評価もうれしいものですが、なんといってもいちばんの評価は、リピートがかかるかどうかです。

どんな仕事であれ、リピートがかからないものは、本物ではありません。感動どころか、期待されたレベルに達していないのです。

アウトプットをするということは、失敗もするし、批判を受けることでもあります。しかし、それを恐れていてはレベルは上がりません。失敗や批判を自分が飛躍する糧にして、自分のレベルを高め、それまで以上にアウトプットの質やレベルを高めるのです。失敗や批判からも何かをつかもうとすることが大切なのです。

失敗、特に小さな失敗を恐れてはいけないのです。失敗しなければ、飛躍のきっかけをつかめません。失敗から学ぶことで、アウトプットのレベルが高まっていき、その評価も高まります。

ということは、「人生のステージ」が上がっていくということでもあります。人生のステージが上がるとは、それまでやれなかった仕事、会えなかった人、行けなかった所、さらには、得られなかった報酬などが得られるようになるということです。

そうやって、人生のステージが上がっていくということは、アウトプットがよくなるということですから、周りにいる人や社会への貢献度合いも増しているということなのです。

26

自分の十大ニュースを書き出し、去年のものと比較する

わたしは、毎年、「今年の自分の十大ニュース」というものを手帳に書き出し、去年のものと比較して、自分の人生のステージが上がっているかどうかを確認しています。この十大ニュースには、やった仕事（＝アウトプット）を中心に書くようにしています。

たとえば、今年でしたら、ＮＨＫの朝ドラの『半分、青い。』の経済考証をしたこと、モンゴルの優良企業からの講演依頼のリピートが来たこと、関西限定のミニ枠の番組ですが、自分が主役のテレビ番組ができたことなどでしょうか。

これは、四十八歳のときに、肺がんの手術をしたときから始めました。以後、年に一度、健康診断でＯＫが出るたびに、「あと一年は生きていていいよ」というパスポートをもらったように感じています。そして、せっかく生かしてもらっているのだから、一年で少し

でも進歩したい、人生のステージを上げておきたい、と思うようになったのです。

それから十年余、幸いなことに、元気であるとともに、少しずつステージが上がってきました。そうしようと思っているからでしょう。


そして、これはどんな人にもできることだと思っています。そのためには、アウトプットで人から評価されること、人に喜んでもらえるぐらいの仕事をすること、そのための月間目標を立てて、一年後のなれる最高の自分のイメージを具体化することです。

そして、やはりその大前提として、なれる最高の自分を目指すということを忘れないことです。その考えがなければ、つねにベストを目指そうとは思いませんし、結果的に人生のステージが上がるということはないと思います。

27

強みを生かし、技を鍛える

なれる最高の自分になる、ということは、自分の強みを生かし、技を鍛えることでもあります。弱みを克服しても、普通になるだけです。でも、多くの人が、普通になる努力に多くの時間を使いすぎているように思えます。

ゴルフを一生懸命練習して90を切ったとしても、プロにはなれないでしょう。本人は楽しいかもしれませんが、社会的評価や成功とは関係ありません。成功とは、社会からの評価で、社会への貢献ですからね。

もちろん、どうしても克服しなければ生きていけないような弱みは克服しなければなりませんが、普通になる努力をしすぎないほうがいいと思うのです。

経営者はよく、人を使うときは、「強みを生かして使え」と言います。各メンバーの強みを生かしたチームづくりをし、さらに、それにより他者と違うアウトプットを実現するためです。同じことを自分に対しても行わなければなりません。

そのためにはまず、自分の強みは何かを知らなければなりません。そして、それを生かせる仕事をする。

たとえば、わたしも、いまの仕事でなかったら、これほどにもうまくいかなかったと思います。銀行員を続けていても、そこそこ出世はしたかもしれない。でも、独立してからのようなエネルギーは出せなかった。その必要がなかったからです。独立してからのようなエネルギーの出し方ができれば、銀行員でもそこそこ以上は出世したかもしれないけれど、そもそも出せなかったと思うのです。いまの仕事が合っていたからこそ、自分でも信じられないような力が出せました。

ある時期に、目の前のことに対して一生懸命取り組むべきなのは、自分の強みは何かということを知るためでもあります。中途半端にことに当たっていると、本当の自分の強みも、もちろん弱みも、分かりません。精いっぱいに取り組んでこそ、自分は何が他の人よりできて、そして、何が足りないのかが分かるのです。

28 自分のエネルギーの出し方を知る

一生懸命に取り組むことによって、自分の本当の強みや弱みを知り、その結果、自分の強みを生かし、本当にやるべきことに集中できるようになり、その分野で成功する確率が高まるのですが、実は一生懸命取り組むことには、もうひとつの大きなメリットがあります。

それは、集中していく過程でエネルギーの出し方が分かるようになる、ということです。必死にならないと、本当のエネルギーの量も分からないし、出し方も分からないのです。エネルギーの出し方が分かると、他のことでも、エネルギーを出そうと思えば出せるようになります。人間の迫力も違ってきます。

もちろん、人それぞれ、潜在的に持っているエネルギー量は違うでしょうが、とにかく一生懸命になることが、自身のエネルギーの量を知り、その引き出し方を知る最高の方法です。

それを知っているよい例がトップアスリートたちでしょう。水泳でもアイススケートでも、自分の限界のぎりぎりのところを探りながら、とにかく目いっぱい必死に取り組むことで、エネルギーを出し切り、成果（＝アウトプット）を上げているのです。

つまりエネルギー、すなわちやる気というのも、引き出すにはコツがあり、筋トレのように鍛えることができるものなのです。それが分からないままだと、何をしていても、ものごとを表面的にこなすことにとどまってしまいます。それでは、本当の実力を発揮し、ギリギリのところで勝負するということはできないで終わってしまいます。

そして、残念なことに、多くの人が、自分のエネルギーの限界を知らないままだと思います。つまり、なれる最高の自分にもなれないでいるということです。

持っているエネルギーを目いっぱい出してこそ、なれる最高の自分になれるのですが、意識的にそういう機会をつくることが必要です。

29

チームで、弱みを補い合い、強みを生かし合う

松下幸之助さんは、部下を見るときに、強み七割、弱み三割で見なさい、それも正確に見なさい、とおっしゃっていますが、多くの人がその言葉の意味を誤解しているようです。

強み七割というのは、強みを生かせということ。強みでないような普通のことなど、社会的には評価されませんから、各人のその強みを生かしてチームづくりをし、他とは違うアウトプットをするということです。

そして、三割は弱みを見るということですが、それは、各人の弱みをなくし普通のレベルにしなさい、と言っているわけではありません。そうではなくて、松下さんは、各人の弱みをきちんと理解したうえで、他の人がカバーできるようにしなさい、と言っているのだと思います。

だめな上司というのは、だいたいにおいて、弱みをなくさせようとします。たとえば、営業はとても得意だけれど書類作りがとんでもなく下手な営業社員がいたとします。書類作りが下手だと周りの同僚が文句を言います。あいつのせいで、これが進まないとか。だめな上司はそれに迎合して、書類の作り方をきちんと訓練しようとするのです。

でも、できる上司だったら、営業は下手だけれど書類作りのうまい社員に、営業は得意だけれど書類作りが下手な社員の分の書類も作らせます。つまり、個人ではなくチームで、弱みをカバーし合うのです。それが、チームで行うことの強みです。個人では自分で自分の弱みをカバーすることはできないのです。

個人事業主として独立しようとする人にも、できれば人を雇ったり仲間を募るなどして組織にすることを勧めています。そうすれば、苦手なことを人に任せることができます。そしてその分、自身の強みに集中できます、強みを生かせば生かすほどお客さまや社会は評価します。評価されればされるほど経済的にもゆとりができる。するとさらに、スタッフが雇えるといういい循環が生じます。人を雇ったり仲間といっしょにやるより、一人でやったほうが気楽でいいという人もいますが、それではやがて限界が来ると思います。

30

自分の強みを生かせることに時間を使う

普段の時間の使い方も大切です。

現在、多くの人が普通になるために多くの時間を使っています。たとえば、英語。急に海外赴任が決まったとしたら、普通以下の英語力では困りますから、まずは普通になる努力をすべきでしょう。英語が公用語となっている企業でも、やはり必要かもしれません。でも、さほど緊急性もなく、将来の必要性も特にないのに英語の勉強に多くの時間を使うというのはどうなんでしょうか。結構、そういう人が多いのではないですか。

もちろん、いざというときのために野心を持って英語力をつけておくのも悪くはないですが、それよりも、まずはいま目の前の仕事で際立った成果を上げるために時間を使ったほうがいい、というのがわたしの持論です。評価されやすいからです。

強みを強化することで、人との違いが出せます。そして実際、人との違いしか評価されません。それも目の前の仕事がいちばん評価されやすい。いったん評価されれば、やる気が出ますから、さらに評価される結果を出すように行動するでしょう。いい循環が回り始めます。

その中で、もし、英語ができるともっといい、ということなら、それから集中して鍛えればいいじゃないですか。あるいは、通勤の十五分間とか少しの時間、コツコツと毎日やっていくかのどちらかです。

わたしが若いころによく、T字型人材になりなさい、ということがいわれていました。横に広く、それからどっかにひとつ特化しろということです。重要なのは、特化する部分です。得意なところでまず何かひとつ深掘りしているものがないと、成功しません。

そのことについて、印象的だったのは、最初に売れたわたしの本の編集をしてくださった東洋経済新報社の出版局長（当時）のお話でした。

当時、経営コンサルタントとして独立して間もなかったわたしは、経営全般の本を出したいと思っていました。全般が分かっている自分を打ち出して、お客さまを増やしたいという気持ちがありました。で、五十項目ほどの構成案を提出したのですが、それを見たその出版局長が、その中のひとつの「キャッシュフロー経営」という項目に目を留め、この一項目だけを深掘りして書いてください、とおっしゃったのです。

ちょうど、貸借対照表、損益計算書と並んで、キャッシュフロー計算書も決算資料として必要になった時期ということもあって、専門的な本だったにもかかわらず、七万部を超えるベストセラーになりました。そのときのかれの言葉はいまでもよく覚えています。

「みんな、山の上へ上へと登りたがるけど、まずはどっかで深掘りすることが必要なんですよ」

やはり、特色を出せる、強みを生かせる、深掘りできることを持っておくことがとても重要なのです。オールラウンドプレイヤーも大事ですが、何かひとつ、これだけは誰にも負けないと言えるぐらいのものを持っていることが重要だと思うのです。

そのことを示すための客観的評価として、「肩書」もあったほうが便利です。たとえば、いくらわたしは会計学のプロだ、と自称したとしてもただ自称しているだけの人と、明治大学会計大学院特任教授という肩書を持っている人とでは、あなたはどちらを信用しますか？

ちなみに、その肩書は、少し前までの四年間、わたしが持っていたもので、現在は、名古屋大学経済学部の客員教授をしています。

もちろん肩書のない人で、わたしよりずっと会計や経済に詳しい人はたくさんいるでしょう。でも、それらの知識をアウトプットして、世の中に役立てていくには、やはり相手を納得させる肩書が便利な場合もあるのです。

ただし、わたしは売り込まないのがポリシーですから、そのような肩書を得られたのも人から評価されるアウトプットをしていた結果だと思っています。

繰り返しますが、評価されるくらいのアウトプットが必要なのです。

31

気に入らない仕事に就いたときこそ精いっぱい働く

自分の強みを生かすといっても、自分の得意を生かせる気に入った仕事をさせてもらえるかどうかは分かりません。特に若いうちはなかなかそういう仕事や職種に就けない場合も少なくありません。また、自分の第一希望の会社に就職できないことも多いでしょう。

しかし、そういうときこそ、自分の将来を考えて大切に働く時期です。自分の好きな仕事、強みを生かせる仕事に就く準備をする時期なのです。

次に自分の好む仕事に就くために何が必要かというと、それは、目の前の仕事を一生懸命やることです。それで評価を得るのです。

自分が希望しない仕事に就いた場合に、それで腐って、目の前の仕事をいい加減にやると、当然、上司や周りからの評価が落ちます。そういう場合、上司は「嫌な仕事を適当にやっているから、次は希望の職種に異動させてやろう」などとは決して考えないでしょう。もっとレベルの低い仕事に異動させられることになる可能性が高いはずです。

一方、自分の希望しない仕事でも、黙々と一生懸命に働けば、上司からの評価は高まり、次には自分の希望する部署、より花形の部署に異動できる確率が上がるはずです。

当社でも転職希望者の面接をすることがありますが、前職が嫌で適当に働いていたという人を進んで採ることはありえません。不向きな職種だったが、精いっぱい働いて、そこから得るものがあったという人を採用側が好むのは明らかです。

不向きな仕事、強みを生かせない仕事に就いたときこそ、そこから何かを得られるくらい真剣に働くことで、道は開けます。

32

時間をコントロールする

「時は金なり」という言葉がありますが、わたしは、それを「時間をコントロールできる人はお金をつくれる人」だと解釈しています。

よく、お金は生まれによって不平等に配分されているが、多くの人にとって時間は平等にある、といわれますが、それぞれの持つ時間が生み出す価値は、本人のコントロール次第で、大きく変わってきます。単位時間当たりの労働生産性や働き方改革など、いろいろと話題になりますが、すべて、各自が、時間がいちばんの資源だと強く認識したうえで、自分の時間をどれだけコントロールし、うまく使えるかにかかっています。

時間をどれだけコントロールできるかで、仕事量や報酬、そして、さらには出世が決まり、最終的には、人生のステージがどの程度上がるか、なれる最高の自分になれるかが決まるわけです。時間こそが、すべての人にとって最大の資源だという認識が必要です。

その時間のコントロールですが、自分で使える時間をどれだけ正確に把握できるかが大切です。多くの人は、手帳の空きスペースで、忙しいか忙しくないかを感じています。月間予定表しかない手帳を使っている人は、ある日に、予定がひとつでも入っていると、その日は忙しいと感じてしまうわけです。できれば、一時間刻みで書けるものを使ってください。ＴＯ ＤＯを書く欄もあれば最高です。スケジュールを書き込みつつ、空いている時間に、ＴＯ ＤＯをひとつずつつぶしていく、というイメージで使います。

さらに、時間をコントロールするうえで重要なのは、体調管理です。同じ一時間でも、頭スッキリ、エネルギーがみなぎっているときの一時間と、二日酔いで睡魔と闘いながらの一時間では、そこから生み出されるものは、質も量もまったく違うはずです。

単純作業でもそうですが、頭を使う仕事では特に異なります。

これについては、自分の頭の調子のいい時間帯、眠気に襲われる時間帯などを知っておくことも必要でしょう。そのうえで、単純作業をする時間、会議をする時間、頭を使う時間など、全体として最も生産性が上がるようにスケジューリングすることです。

33

さまざまな立場の人の視点から、ものを見、考える

『論語』に、「敏」という言葉が出てきます。俊敏の敏です。一般には、素早く動くという意味で用いられますが、頭をフル回転させるという意味もあるそうです。

生産性、単位時間当たりのアウトプットについては、人による違いがとても大きくて、クリエイティビティやスペシャリティを要する仕事の場合、それは特に顕著なのですが、仕事ができる人とできない人の違いは、アウトプットするときになって初めて考えるのか、普段から、頭をフル回転させて考えているかどうかも大きく影響していると思います。

それも、重要なのは仮説検証です。頭をフル回転させて、自分なりの仮説を立てては検証する、ということが習慣になっているかどうかだと思います。

もうひとつ、知的生産性の高い人（＝結果を出せる人）に共通するのは、他人の視点に立てる人です。他人のニーズが分かるからです。そうなるためには、意識的に他人の立場に立って考えてみるようにすることです。放っておけば、人は自己中心的にものを考えがちです。だから強制的に他人の視点に自分を置くのです。そうすれば、相手のニーズや気持ちが分かるので、売れる商品も見つけやすくなりますし、会議でも気の利いた発言ができるようになります。人にも好かれるようになります。

コンサルタントでも、腕のいいコンサルタントは、A社長だったらどう言うかな、B社長だったらどう思うかな、と、つねにそれぞれの人の視点で考えながら、案件を進めます。社長の意見に反論するときでも、真っ向から否定すると、相手の立場も悪くなるうえに、その会社をよくする、というコンサルタントの目的は達せられないまま手を引くことにもなりかねない。それでは意味がないので、相手の立場も理解しながら、達成すべき結果を得なければなりません。そのためには、相手の視点に立てることが重要なのです。

ビジネスの場では、このように、さまざまな立場からの視点でものを見、仮説を立てることが問われる場面が非常に多くなります。このとき、多くの視点を持てる人は、仮説の立て方がうまい。だから、良質のアウトプットができるのだと思います。

34

自己観照する

松下幸之助さんは、本の中で、「自己観照」ということを書いておられます。自己観照とは、自分の心を取り出し、身体の外に置いて、自分で観てみる、ということです。客観的に自分の心を観ることです。

内省するということと同じですが、内省と言われると具体的にはどうしたらいいか分からなくて、なかなかできない。しかし、自分の心を身体の外に出して観察する、と考えると、できるような気がします。自分を客観的に眺めることならできるような気がするのです。

で、自分も結構、ばかなことをいっぱいやっているな、とか、この発言まずかったかな、とか、いろいろ気づくわけです。そして、それを反省する。

なれる最高の自分になるためには、そんなふうに、ときどき、自分を客観的に観る訓練をしたほうがいいと思います。わたしは毎晩、日記をつけていますが、これも、自分を客観的に観て振り返るという意味では、自己観照に通じるものがあります。

言い方をかえると、自分で自分を笑える人は強いと思います。完璧な人などいませんから、客観的に自分を見たら自分には必ずおかしなところがあるはずです。自分に入り込みすぎている人は、自分を客観的に見ていないので、笑えないのです。

若いころ読んだ本に、十のうち二割は冷めた自分、八割は熱い自分、というフレーズがありました。自分に入り込んでいる人は十割が熱い自分になってしまっているのでしょう。でも、二割ぐらいは、つねに冷静に自分を見ている必要があるのだと思います。ここで、なぜ二割かというと、三割冷めていると冷たすぎるので、二割ぐらいがちょうどいいということでしょう。

35

自分でコントロールできないことに悩まない。コントロールできることに全力を尽くす

今晩雨が降るかどうかを悩んでも仕方がないけれど、折りたたみ傘を持って出かけることはできます。上司が自分をどのように評価するかを思い悩んでも仕方ないけれど、一生懸命仕事をすることはできます。自分でコントロールできないことに悩まないことです。そして、逆に、自分でコントロールできることには全力を尽くすことです。

コンサルタントをしていると、資金繰りがたいへんで瀬戸際の状態に立ち会うこともあります。そうした場合、十分なアドバイスをし、さらには声をかけられる銀行や投資家にすべて声をかけ、自分としてはできることはすべてやる、そうしたらその後は、自分がやるべきことはすべてやったので、悩んでも仕方ない、後は神様に任せて寝るだけ。人事を

尽くして天命を待つ、です。

やれることがもうないのに、悩んでいてもストレスがたまり、身体を壊すだけです。やれることもやらずに、くよくよ悩んでいても同じことです。

やれることを精いっぱいやった後、やれないことはやれない、あとは神様に任せる、と割り切れるかどうか、これも、なれる最高の自分になるためには、とても大切なことですね。

36

あきらめない。思い続ける

長い間、仕事をさせていただいていたお客さまで、尊敬している経営者がいます。裸一貫で始めた会社が、いまや東証一部上場企業です。

でも、最初のころは、資金繰りが本当にしんどかった。で、お風呂に入るたびに想像していたそうです。銀行が頭を下げてくるイメージをです。

それから、もうひとつ、自分が千人の社員の前で話をしているイメージもずっと持っていたそうです。で、いまや、一万人の社員を雇っています。

自分でゴールを具体的にイメージできるかどうかが大切です。イメージできていることだけが実現します。でも、イメージしたことがすべて実現するわけではありません。

実現のためには、勉強も必要です。いろいろな人に教えを請いに行く必要があります。もちろん、とことんやる努力も必要です。ゴールのイメージをきちんと持ち、決してあきらめることなく、しつこいくらいに、思い続け、やり続けなければなりません。
そうです。成功するためには、しつこいということも大切ですね。やると決めたことはとことんやる。

頑張っていることも大切ですが、ただ単に頑張っているだけでは十分ではありません。頑張っているその延長線上に何かがあると思いたいかもしれませんが、残念ながら、何もありません。

想いが実現するかどうかは、行き着く先のイメージを具体的に持ち続け、そこに至るプロセスをしっかりと積み上げていけるかどうかなのです。

37

逆境を生きる。順境を生きる

逆境は尊い。しかしまた順境も尊い。

――『道をひらく』にある松下幸之助さんの言葉です。順境も逆境も生まれた環境によるところが大きいものですが、それを素直に受け入れて、逆境に生きた人は卑屈にならず、順境に生きた人はうぬぼれず、毎日を一生懸命生きることが大切だ、と言っているのです。

アメリカのビジネススクールに通っていたとき、周りにはとんでもない富豪の子らもいました。けれども、日本と違うのは、親の保護を受けていない。独立していたことです。

いまの日本の若い人は順境に育っているので、ハングリー精神がないといわれますが、たとえ順境の中でも、自分の生きる道は自分で築くんだと、自分から渇望し、求めていくことはできます。なれる最高の自分とは、そうした先にあるものです。

そう考えると、なれる最高の自分にならなくてもそれなりに食べていけるという、いまの中途半端に豊かな日本の家庭に育つことが、本当に順境なのかどうか怪しくなります。

わたし自身、アメリカに留学して強くなりました。入学に際しては、アプリケーション（願書）がとても重要なのですが、わたしは就職していた銀行からの派遣でしたので、自分をアピールするために、自分が勤めている銀行について、その優れている点を多く書きました。すると、面接で言われました。あなたは、何なのですか？　と。

アメリカでは、いい意味でも悪い意味でも、自分主義です。悪いほうに転がれば、単なる自己中ということになりますが、よくいえば、自分をしっかり確立して社会にどれだけ貢献していけるかが問われるということです。日本人にいちばん欠けている側面です。

日本人は、自分がどこに所属しているかで、自分を表現しようとします。マズローの自己実現のピラミッドでいうと、愛・所属の欲求レベル。わたしたちにはどうも、自己実現の欲求が欠けているように思います。「なれる最高の自分を目指す」とは、まさに、マズローの言う自己実現のことなのです。

第4章

なれる最高の自分になるための日々の訓練

38 正しい努力を積み重ねる

わたしは、人が成功するためには「正しい努力」の「積み重ね」が必要だと考えています。「正しい努力」と「積み重ね」の両方です。

まずは、正しい努力とは何かを知ることです。間違ったことをいくらやっても、なれる最高の自分にはなれません。毎日十時間必死に卓球の練習をしても、Ｊリーガーにはなれません。Ｊリーガーになりたい人は、しかるべきサッカーの練習をする必要があります。ビジネスパーソンとして成功するためには、そのための正しい努力があります。経営を成功させるためにも、当然、正しい努力があります。わたしたちコンサルタントは、それをお教えするのが仕事だと思っています。

すなわち、経営では、「①企業の方向づけ、②資源の最適配分、③人を動かす」の三つが大きな要素だと考えていますが、そのそれぞれについての正しい努力とは何かをお教えすることです。

また、経営や人生を成功させるためには、正しい「考え方」も必要です。その正しい努力や考え方とは何かを、まずきちんと知らなければ、成功がおぼつかないのはいうまでもありません。

そして、正しい努力や考え方が分かったら、後は結果が出るまで積み重ねます。コピー用紙も一枚だと〇・一ミリぐらいの厚さしかありませんが、五百枚、千枚と積み重ねれば、かなりの分厚さになります。だから、結果が出るまで積み重ねるのです。

その積み重ねにより、行動や考え方を習慣化するのです。

自然に心や身体が動くまで習慣化する。そうすれば、どんな場合にも自然に、成功に向けて心や身体が動くようになります。

39

新聞を正しく読む

ビジネスパーソンの「正しい努力」のひとつに新聞を読むということがあります。

複雑系の世の中を理解するには、その複雑な現象そのものを正確にとらえる視点が必要です。世の中をきちんと知るということです。また、どんな人でも社会の中に生きているわけですから、社会の出来事や大きな流れを知ることはとても有用なことです。そのためにいちばんいいのが、やはり新聞を読むことなのです。

残念ながら、いまは、電車に乗っていても、ほとんどの人が新聞を読んでいませんね。スポーツ紙すら読んでいません。スマホで電子版を読んでいるのかな、と思ってちらりと覗くと、たいていは、ゲームをしていたり、LINEをしていたり。でも、黎明期はともかく、いまのSNSは、階級を固定する道具になりかねません。Facebookでも何でも、その人が属する「仲間」と、登録した領域の情報をやりとりするだけです。それは実は、ごく限られた閉じた空間なのに、それが世界のすべてだと思えてしまう。

やはり、世の中を知るのに、新聞に勝るものはない、とわたしは思っています。電子版でもかまいませんが、やはり紙の新聞がニュースの重要度も分かり、読み切り感があるので忙しいビジネスパーソン向きです。

そして、できれば、二紙以上を読んでほしい。いつもではなくてもいいので、複数紙を読むことで考え方が広がります。

わたしの基本は、朝、ＮＨＫのニュースをつけながら、読売新聞を読んで、電車の中で日経新聞を読み、会社に着いたら、日経産業新聞を読むことです。出張するときは（たいてい出張しています）、朝日新聞と産経新聞を両方買って新幹線や飛行機の中で読みます。で、ホテルの朝食会場では毎日新聞や地方紙を読みます。

そんなにたくさん、よく読めますね、と言われますが、それにはコツがあります（詳しくは『小宮一慶の「日経新聞」深読み講座　２０１９年版』（日本経済新聞出版社）をお読みください）。

まずは、一面のトップ記事を中心に大きな記事を必ず読むこと。忙しいときには、記事の内容を簡潔にまとめたリード文だけでも読んでください。見出しだけ見るのとでは、記事の理解の深さが異なります。紙面をめくっていくと、日経新聞を例にとれば、総合面、金融面、アジアBiz、産業面などと続いていくわけですが、そのうち、リード文がついているものは大きな記事なので、リード文だけでもいいから必ず読みます。

ここで重要なのは、興味があろうとなかろうと、リード文はすべて読むと決めることです。というのも、みなさん、見出しは見る。見出しだけ見て、興味のないことはそのままスルーするようですが、そうすると、関心のないものは見出しすら頭の中に残りません。見なかったことと同じになります。しかし、脳の中のデータベースが活性化するかどうかは、興味・関心の範囲をどれだけ広げられるかにかかっているのです。そして、脳のデータベースが活性化していればこそ、つねに、どこにいても、自分の頭の中にある知識を使って、自分の頭で考え、問題を解決していくことができるのです。

データベースは外部データベースを使えばいい（要は、都度、スマホで検索すればいい）と思う人もいるかもしれませんが、テレビの生出演の場や、講演、役員会の場で、いちいち検索していたら、二度と雇ってもらえないでしょう。究極的に役に立つのは、自分の脳のデータベースに入っていることだけです。

ここで、脳のデータベースに入れておくべき二種類のデータの内容についてまとめておくと、ひとつは「基礎的な知識」。たとえば、ＧＤＰの定義や貸借対照表の構成などです。それらは、一度勉強すれば一生使える知識です。

もうひとつが「最新の情報」。ＧＤＰの例でいえば、現在（２０１８年10月現在）の日本のＧＤＰは約５５０兆円というようなデータです。こちらは、四半期に一度、数字が変わっていくので（為替レートなんて毎日変わっていきます）、新聞から得ます。最新の情報を新聞でアップデートしていくわけです。ＧＤＰの定義を詳しく知っていても、現在の数字や日本と中国の差などを具体的に知らなければ、十分な話や議論はできません。

では、どんな情報を脳のデータベースに入れていったらいいかといったら、やはりまずは、自分の仕事に直接関係することでしょう。それが、評価されるアウトプットにすぐにつながりますから。ただし、その際、やはり新聞を毎日読むなどして興味・関心の幅をできるだけ広げていくことが、仕事に関する脳のデータベースを豊かにし、活性化させ、アウトプットにつながる発想の幅を拡げてくれるのです。

40

思考力を鍛える

長い間、多くの人を見てきての結論は、ビジネスパーソンには、考える力と、それを実行する力の両方が必要だということです。「思考力」と「実行力」です。複雑なことを複雑なままでも考えられる力と、それを実行する力の両方です。

ただ、注意しないといけないのは、いまの時代は、普通にしていると思考力が落ちる時代だということです。便利な時代になったからです。便利ということは、思考力なしにものごとが進められるということですから、便利な時代には思考力が落ちるのです。

ですから日常の中で、頭を使う習慣が必要です。逆に言えば、それだけで他の人と差別化できる時代だとも言えます。

先日、若い人と話しているとき、ディー・エヌ・エーのロゴの話になりました。ディー・エヌ・エー（DeNA）のロゴには、Dの左横に「：」が描いてあるのですが、あれはなんだろう？　と。

わたしが答えたのは、ディー・エヌ・エーのディーは、テに点々。つまり、濁点なんじゃないかな、ということ。その若い人は、これはニコちゃんマークを横にしたものだと。

正解は、その若い人が言った答えでした。なぜなら、その人は、その場でGoogleで検索して答えたのですから。

便利な時代になったとはこういうことです。こんなささいなことでも、わたしは仮説を立てて考えました。答えは間違っていたけれど推論しました。気がつかないうちに「思考」していたのです。その若い人には思考はありません。検索だけです。ですので、その若い人には注意しました。世の中すべてGoogleで答えが出てくる問題ばかりじゃないですよと。

ビジネスの現場では地位が高くなるほど、高度な判断を求められますが、たとえば、どの部門を売却すべきか、どの地域に進出するか、どの会社を買うかなんて、Googleで検索しても分かりません。しかも、役員会のその場で意見を言わなければいけないとしたら？

人生の重要な問題も同じです。誰と結婚するか、どの会社に勤めるか、転職するかしないか、そういうことも、Googleに答えはありません。世の中の本質的なことはみな、Googleには載っていない。それぞれが自分の頭で考え抜いて、答えを探すしかないのです。

その若い人に限らず、つくづく、いまの若い世代は、「すっきり世代」だと感じます。分からないことはすぐ検索する。手の中にスマホがありますから。百科事典を持っているみたいなものですから。検索して、すぐに答えを知ろうとする。すぐに答えが見つからないとだめなんです。

それ自体は悪いことではありません。けれども、そうやって検索ばかりをしていると、知らないうちに、仮説を立てて推論すること、自分の頭で考える力が少しずつ失われていくように思うのです。実際、世の中は、単なる情報では答えが出ないことのほうが多いのです。

さらに言えば、単なる情報なんて、もうお金にはなりません。検索すれば誰でも分かるのですから。だから、一般の人が出るタイプのクイズ番組はものすごく減りました。いまの主流は、芸能人が出るショーとしてのクイズ番組。それと、考える力を試すようなタイプのクイズ番組ですね。

単なる記憶だけの情報なんて、ほとんど意味がない。価値がなくなっているということです。その分、思考力が問われる時代になってきているのに、それが鍛えにくくなってきているのです。

繰り返します。世の中は、複雑系なのに、表面的にはどんどん簡便になってきています。スマホひとつあればタクシーも呼べるし、料金や乗り継ぎの時間を計算しなくても電車にも乗れる。ものを考えなくても暮らしていけます。

けれども、その裏にある世の中の現実自体はすごく複雑になっています。複雑なことを複雑なままで理解できる能力をつけないと、この先、本当の意味での自己実現＝なれる最高の自分になることは難しくなってしまいます。

スマホや便利なものは、思考力を失わせる可能性があることに、くれぐれもご注意ください！

41

実行力で殻を破る

ビジネスパーソンには、考える力とそれを実行する力の両方が必要だと言いました。考える力もとても大切ですが、それを実行に移さない限り、何も結果は出ないからです。決めたことをやる能力、やらせる能力が、ビジネスや現実社会ではとても大切なのです。

一倉定さんという経営コンサルタントの大先輩の有名な言葉に、「評論家社長は会社をつぶす」「穴グマ社長は会社をつぶす」という言葉があります。あれこれ、理屈を並べ批評するのは、評論家か二流のコンサルタントに任せておけばいい。立派な社長室にこもっているのが社長ではなく、お客さまのところ、工場、販売などの現場に行って現場の人たちとコミュニケーションをとり、現場を十分理解するのが社長というものです。

思考力を鍛えることの重要性を前の項で書きましたが、考えたことを思っているだけでは何も変わりません。行動しない限り、会社も人生も変わりません。行動しない人に限って、人生よくならないかなと妄想しているようですが。

わたしは、話をするのが仕事なので、わたしの話を聞くと、モティベーションが上がるという方が結構いらっしゃいます。そして、社員の意識改革のために話をしてくださいと依頼されることもよくあります。そういうときには、あなたや社員を一時的に刺激することはできても、あなたの会社全体を変えることはできない、とお答えするようにしています。なぜなら、社員一人ひとりの小さな行動が変わることによってしか、会社は結局は変わらないからです。人生も、意識だけでなく、行動でしか変わらないのです。

意識改革より行動改革です。会社も人生も、行動しない限り、何も変わりません。思っているだけではだめ。思ったことを行動に移すこと。それが人生を変えます。いまのあなたの殻を破るのです。

「頭は臆病だけれども、手は臆病ではない」という言葉を若いころのわたしに教えてくださった方がいます。やってみると意外と簡単にできることも少なくありませんよ。

42

素直に聞く

松下幸之助さんは、半分は、世間とかお客さまから教えてもらい、半分は部下に教えてもらうとおっしゃっておられました。誰からでも教わる姿勢が大切です。

そのためには、まず素直に聞くことですが、ここで「聞く」というのは、単に話を聞いて、参考になりました、などと言って終わることではありません。聞いて、勧められたら、いいと思ったことでリスクがそれほどないことは、まずはやってみることです。それで初めて、本当に聞いたことになります。

たとえば、あの本よかったよとか、これがいいとか、わたしも、子どもも含めていろいろと人から教えてもらう機会があります。勧められるがままにすべてをやってみるわけではありませんが、それでも、とりあえず試しに一度行ってみるとか、そんなに高くないものならとりあえず買ってみたりします。それが普通かと思ったら、どうやらそういう人は少数派のようです。レストランや本など、人にすすめられても、行かない、買わない人が結構いるようです。それではなれる最高の自分にはなれません。

他者の知恵、衆知を生かすことが大事だというのは、みなさん、ご存じだと思います。でも、頭のいい人に限って、何かと理屈をつけてやらない、受け入れないという傾向があるようです。でも、会計の技術でもマネジメントの技術でも、そして人生の知恵もわたしたちよりずっと頭のいい人、成功してきた人たちが、何年も、何世代もかけて築いてきた知恵を使わないのはもったいない。そこはやっぱり、素直に人の意見に耳を傾ける。間違っているときもありますが、いったんは受け入れる人が成功します。

なぜなら、そういう人にはますます衆知が集まるからです。自分が教えたことを実際に行っていたり、勉強会などの誘いに応じる人、すすめた本を読んでいる人には、また教えてあげよう、誘ってあげようという気になりますが、口ではお礼を言いながらも、実際には何も受け入れない人は、知恵や情報を提供しても無駄だと思ってしまうのが人情だからです。

43

座右の書を読み、自分自身の価値観を持つ

人の話を素直に聞くとは、人から聞いたことを実際にやってみることです。受け入れて、行動に移すことです。けれども一方で、素直に聞き入れ、受け入れることで、悪い考え方や詐欺商法に騙されたり、会社でコンプライアンスにひっかかるような案件に巻き込まれてしまったりすることもあります。だから、人の言うことは、まずは疑ってかかれ、と言う人もいるのです。

他の人の意見が間違っているか、間違っていないかを判断することが必要です。判断の基準は、自分自身の価値観にあります。自分自身が「確固とした価値感」を持っているかどうかにかかってきます。それがないと、どんなに頭がよくても、間違った考え

方を持った人の言うことを素直に聞いてしまうことにもなりかねません。

ここで言う確固とした価値観とは、仏教の教えでもキリスト教の教えでも論語でも何でもかまいませんが、やはり何千年もの間、人が正しいと言ってきたことをしっかり学ぶことの中から育まれていくものです。たとえば、論語の中にある、「仁・義・礼・智・忠・信・孝・悌」という八つの徳は、いまでも人間力の基本とも言えるものではないでしょうか。

長い間、検証されてきた価値感を身につけたうえで、他者の知恵を生かすのです。それがあればこそ、間違ったことは間違っていると判断できます。他者の正しい知恵を素直に受け入れることができます。

そのためには、座右の書を持つことをお勧めします。わたしは、論語もよく読みますが、本書でも何度か触れている松下幸之助さんの『道をひらく』は、もう二十五年以上も毎日、二、三項目ずつ読んでいます。自分自身の価値観の基軸を日々、確認するためにも、ぶれないようにするためにも文字どおり、つねに座右に置き、読んでいるのです。

44

言ったことをやる

人の言うことを、必ずしもすべてやる必要があるわけではありません。けれども、自分が言ったことは、必ず行うべきです。「信」という字は、人の言葉と書きます。人からの信頼を得られるかどうかは、言ったことを守るかどうかにかかっています。

以前、大阪のテレビの番組の収録の後、プロデューサーや出演者の方々と飲みにいったときのことです。その日は深夜までかかってしまったので、その夜は泊まっていくことになり、わたしも珍しく少し酔っ払ってしまいました。出演者の芸能人の一人にレッド吉田さんがいて、かれはとても素直な方で、わたしの話すことをメモを取って聞いてくださる。わたしもうれしくなって、いま話したことが書いてある本があるので、お送りしますよ、と言って、いい加減酔っ払ってはいながらも、手帳にメモしておきました。

で、翌日、目覚めて手帳を見ると、「レッドさんに、『あたりまえのことをバカになってちゃんとやる』を送る」と書いてあります。漠然とした記憶でしたが、書いてある。で、東京に戻ってから本をお送りしました。後日、レッドさんから、本を読んでいますと感謝されました。

相手が誰であれ、言ったことは行う。それをしないと、やらない人になってしまいます。信用を得ることとともに、実行力をつける意味でも言ったことをやる習慣を持つことが大切です。

言ったことというのは場合によっては目標です。社長であれば、会社全体の目標です。目標である以上、だいたい八割方できればいい、ということではありません。きちっとやる。少なくとも全力でやろうとする。それが言ったことは行う、守る、という意味です。役員をしている会社のひとつに自動車部品メーカーがあります。そういうところは、決まった品質以上の製品を、決まった数、時間に納入しないとたいへんなことになります。お取引先はジャストインタイムやっているからです。品質や納期を守らなければ、来週から注文はなくなり、何十億円もする設備投資も無駄になるかもしれません。

目標は守る、言ったことは必ずやる。それが実行力をつける第一歩です。

45

思ったことをやる

言ったことをやることで実行力はつきますが、そうすると中には、何も言わなくなる人もいます。言わなくても思ったことをやることが大切です。

たとえば電車の中で席を譲る瞬間、あっ、と思った瞬間、声をかけて席を譲っているときと、一瞬躊躇してそのままになってしまうときがあると思います。こういう本を読んでみようとか、海外に行きたいな、などとふと思うこともあるでしょう。でも、そこまでする必要はないか、と思いとどまったり、時間やお金の制約があって、実際には、行動しないで終わったりします。でも、それでは実行力も上がりませんし、人生も変わりません。思ったことをやることで実行力や人生のレベルが上がるのです。

先日、大阪のテレビの仕事で知り合った青木さやかさんというタレントさんに、朝の電車の中で声をかけられました。聞くと、日比谷の舞台に出ているとのこと。十分ぐらい世間話をしての別れ際に、舞台も観に来てくださいねと言われましたが、残念ながらそのときは時間的に無理でした。そうだ、花でも贈ろう、とふと思いつき、事務所に着いたらすぐに秘書に手配してもらいました。翌日には、青木さんから、電話番号を毎日放送のプロデューサーに聞いたと言って、お礼の電話がかかってきました。とてもうれしかったと。

芸能人の楽屋に花を贈るのは初めてでしたし、正直言って贈る必要が特にあったわけでもありませんでした。ただ、贈ったら喜ぶだろうな、とふと思ったことを実行に移しただけです。実行してみたら、自分でも気分がよくなりました。

できる範囲で、思ったことを行動に移す、そうしていると、人生がステップアップします。人生のステージが上がると、付き合う人も増えるし、仕事もランクアップし、収入も増える。そうすると、思ったことがもっとやれるようになります。

やらないでいると、自分の人生の範囲が小さいままです。人生がステップアップしないのです。すると、自由に使えるお金も増えず、他の人に何かあげようと思ってもあげられません。思ったことを行う行動力が、自分を自由に大きくするのです。

46

何事にも一歩踏み込む

何事も、このへんでいいか、と思わないこと。時間的、金銭的な制約はあるでしょうけれど、それでも、もうちょっとやれることがあるんじゃないかと、いつも一歩踏み込めるかどうか。それが、なれる最高の自分になれるかどうかの境目です。

昔、岡本アソシエイツという小さな会社にいたときに、代表の岡本行夫さんに連れられて、ソニーの盛田会長のところに、かばん持ちで何度か行ったことがあります。盛田さんはいろいろ気さくに話をしてくださる人でした。ある日、その場にいた誰かが盛田さんに愚痴をこぼしました。

土曜日にパーキングメーターのあるところに車を停めておいたら、駐車違反の切符を切られてしまったと。当時パーキングメーターは土日にお休みだったので、カバーが掛かっていて、お金を払いたくても払えないようになっていました。その人いわく、土日の都心なんて道路はガラガラ。パーキングメーターのあるところは、車を停める余地があるから停めていたのに、駐車違反の切符を切られ、そこから外れたところに停めていた人は切られなかったと。

盛田さんに言うようなことでもないかなと思いましたが、驚いたことに、その一週間後、その愚痴を言った当人のところに、盛田さんご本人からお手紙が来たというのです。わたしは、その手紙を見せてもらったので、たしかです。そこには、「調べてみたら、こうこういう理由で駐車違反になるようです」というようなことが書いてありました。

それを見たときに、わたしは、やはり偉くなる人は違うなと思いました。そんな愚痴は聞き捨てておいてよかったはずですが、ちょっとしたことでも自然に、「一歩踏み込む」習慣がついているのだと思いました。

一歩踏み込まないと、踏み込まない自分ができてしまう。そしてそれが、なれる最高だと勝手に決め込んでしまいます。でも、一歩踏み込むと、見えるものが違ってきます。

47 目の前のことを一生懸命やる

いくつになってもそうですが、特に若いころに絶対身につけるべき習慣は、「一生懸命やる習慣」です。

松下幸之助さんは、これを「勤勉の徳」という言い方をされています。「勤勉は喜びを生み、信用を生み、そして富を生む」と。『道をひらく』の中で、わたしがいちばん好きな文章です。

つまり、働く喜びをまず知る。喜びを知って一生懸命働く。すると、周りが信頼してくれる。その結果、富が生まれる。富は最後なんですね。

わたしはときどき社員に、今日一日精いっぱい働いたかどうかを毎日振り返ってから帰るようにお願いしています。そして、一週間に一度か一ヵ月に一度でもいいから、自分が○・○一歩でも進歩しているかどうかを振り返ってみてほしいとも言っています。

進歩とは、主観的に頑張った、ということではなく、世間の評価が上がっているかどうかです。自分の人生のステージが上がっているかどうかを確認してほしい、と言っているのです。

どんな仕事でもそうです。一歩踏み込んで、目の前のことを一生懸命やって、○・○一歩でも、自分の実力が上がり、人生のステージが上がっているかどうかを確認する。

それを繰り返す人と、ただ会社に来て、人の評価を基準にするのではなく、自分のペースで昨日と同じことを同じように繰り返して帰る、そういう人と、どちらが確実に、なれる最高の自分に近づけるかは、言うまでもないでしょう。

48

足は大地に、目は星に

目の前のことを一生懸命やることはとても重要ですが、と同時に、その努力が向かっている方向、目的、将来のビジョン、大局観を見失わないことも重要です。

「足は大地に、目は星に」

先にもご紹介したルーズベルト大統領の言葉です。銀行員時代に、上司から教えられました。足は大地に、すなわち、目の前のことを一生懸命やる。と同時に、目は星に。遠くも見ていないといけない、ということです。

目の前のことだけに追われて、本来の目的を見失ってしまうのも、遠くばかりを見て現実の行動が伴わないのもどちらもだめ。目の前のことを一生懸命やりながら、将来こういうものになりたいとか、こういうことをしようと思い続ける。その両方が大事だと、上司はわたしに教えてくれたのです。

この上司には、本当に感謝しています。デール・カーネギーの『道は開ける』と『人を動かす』を読むように勧めてくれたのもかれでした。案の定、その上司はその後、とても出世されました。

49

週に最低一時間の自己学習で、専門領域を増やす

ビジネスパーソンは、仕事をしながら、担当している業務のプロフェッショナルになっていくことが大切ですが、人生のステージを上げ、仕事の幅を広げ、ランクを上げていくには、自分で勉強していくことも重要です。

わたしは、法学部出身ながら、明治大学の会計大学院で特任教授として会計学を教えたり、名古屋大学の経済学部で客員教授をしているわけですが、会計学も経済学も、ほとんど独学です。銀行員時代、アメリカのビジネススクールに行かせてもらったこともあり、そこで会計や経済の初歩は学んだのですが、そこから先は独学でした。英語は好きだったので、高校時代から、ＮＨＫのラジオ講座を聞き続けていたのが留学時に役立ちました。

最低週に一度、一時間ほど勉強を続けると、誰でもかなりの専門家になれます。週に一

度と書きましたが、そうすると、盆暮れのお休みを除いて五十週、つまり、一年五十時間で、その分野のちょっとした専門家になれるわけです。

大学の授業は、いまでは、試験を除けば、九十分が十二コマ程度です。きちんとそれを身につけようと思えば、予習、復習がもちろん必要です。授業と予習、復習でだいたい五十時間弱です。自分だけで専門書を読むにはもう少し時間がかかるかもしれませんが、それでも五十時間もあれば、ある程度の専門知識は身につくはずです。

実際、国際的にも有名な建築家の安藤忠雄さんは、京大や阪大などのテキストを使って、独学で建築学の基礎を学んだといいます。

何を勉強してもいいのですが、やはり、これからの時代、企業にいても、自分の名前で仕事ができるようなレベルになっていることが必要なので、まずは、いまの仕事にすぐに役に立つもののほうがいいでしょう。経理の担当者なら、レベルに応じて、財務諸表の読み方でも財務会計論でも監査論でもいい。とにかく五十時間、何かにかけてみる。そして、専門家の領域を一年にひとつずつ増やしていくことです。もちろん、もっと時間をかけて勉強してもいいことは言うまでもありません！

50

同じ失敗を繰り返さない

『論語』に、「吾日に吾が身を三たび省みる」という言葉があります。三省堂書店さんの「三省」は、ここからとったのだと思います。反省するかどうかが大事だということです。

松下幸之助さんは、七転び八起きという言葉があまり好きではなかったようです。七回転んだ人への慰めの言葉としてはいいかもしれないが、何度も転んではいけない。一度転んだら、ただで起きてはいけない、何かをつかめ。世の中で成功している人は、転んでもただでは起きなかった人だと、言っているのです。

そのとおりだと思います。そして、そのためには、反省することが大切です。うまくいかなかったときはもちろん、うまくいったときも、反省が必要です。ただ運がよかっただけかもしれないからです。うまくいった要因をきちんと見極めるべきです。

わたしはその日の反省も込めて、日記を付けています。三年連用日記です。

社内的には、誰かが何かミスをした場合には、対応対策書を出させるようにしています。同じミスを二度と起こさないために何をするかを書くのです。以前は、用紙に書いて社内で回覧していましたが、いまは即時性を重視してメールで全員配信にしています。その対応対策書も、お客さまからクレームをいただいた場合には、発生から一営業日以内に提出するのがルールです。起こってしまったことについてはくどくど言いませんが、期日内に対応対策書が出てこないことは許されません。

ここで重要なのは謝ることではなくて、二度と同じことを起こさないためにはどうすればいいかを、自分の頭で考えて書くことです。そこに意味があります。

有名な森信三先生の『修身教授録』に、「人生は五十メートル走」という言葉があります。人生はマラソンでもありますが、一方であっという間に終わるものでもあります。あっという間に終わるから、七転び八起きなんかしてる暇はない。同じことで何度も失敗したり、叱られている暇もないということです。

51

言い訳をしない

なれる最高の自分になるためには、やらない理由、やれない理由より、やれる理由や方法を考えることだと、第一章で書きましたが、そのためにはまず、「言い訳をしない」と決めることです。人に対してはもちろん、自分自身に対しても、言い訳しない。

心理学的には、言い訳は、口に出そうが出すまいが、ストレスとなって、深層心理に残って蓄積するといわれています。

コンサルタントという仕事を長くしていると、初めてお会いする経営者の方でも、だいたい十分も話せば、その方が成功するかしないか、ほぼ分かります。なぜかというと、うまくいかない人は、景気が悪いとか、部下が動かないとか、人のせいにするからです。そこを、うまくいかないのは自分のせいだと、つまり言い訳をしないようにもっていくのも、われわれの腕の見せどころです。そうしない限り改善、進歩はないからです。

みんな最初のうちは、（跡を継がせようと思っている）息子が悪い、ライバルが悪い、景気が悪いという話をしますが、最終的には、自分の学びが足りませんでした、となる。そう気づいていただければ、わたしの仕事は終わったとも言えます。その先は、コンサルタントが解決する問題ではない、すべて自分で解決するしかないし、たいていのことは自分で解決できるのですから。

このことについて、わたしがよく引用するのは、『ビジョナリー・カンパニー2』の中の、成功した経営者は、「うまくいったときには窓の外を見て、失敗したときには鏡を見る」という文章です。うまくいったときには自分以外に成功要因を求める。実際、成功した人はたいてい、運がよかったとか、誰々さんのおかげだと必ず言うものです。でも失敗したときには鏡を見る。自分のどこが足りないかを反省するわけです。

うまくいったときは鏡を見てにたにたしていて、失敗したときには、あいつが悪い、こいつが悪いと、言い訳していては、成功はおぼつきませんね。

52

学びて時に之を習う

研修やセミナー、講演をしていると、多くの人が実は学びっ放しで終わってしまうことに、ちょっとがっかりします。ですので、ときどき、「今日の『一歩踏み込む』は、『復習すること』ですよ」と言います。すなわちそれが、論語の冒頭にある「学びて時に之を習う」ということです。

この「習」という字は、鳥が羽ばたいている様子を表した象形文字です。羽の下の白は、鳥の頭を表します。

この「習」という字は、「復習する」という意味とともに、実際に鳥が飛び立つことから「実践する」という意味があります。学んだことを復習して実際使ってみる、これがとても大事なのです。学びっ放しでは、身につきません。

実際に学んだことを使ってみるとうまくいかないこともあります。その場合は、きちんと理解していないのか、やり方が悪いのかを反省することになります。それで改善する。それが大切なのです。


みなさん、わたしの本を読んで、ためになりました、いい本を読みましたなどとおっしゃってくださって、それは著者としては非常に有難いことなのですが、でも、いちばんうれしいのは、それを実践で生かしていただくことです。そして、いい仕事をして、なれる最高の自分に近づいてもらうことです。

わたしのセミナーや本に限りません。何であれ、聞きっ放し、学びっ放しはとてももったいない。復習と実践、そして反省が、あなたのいまと未来を変えるのです。

53

心と身体の健康管理をしながら、ときには自分を甘やかす

先に、「人生は五十メートル走」だという森信三先生の言葉を紹介しましたが、人生は短距離走であると同時に、長距離走でもあります。無理しすぎると続きません。どこかで止まってしまいます。マラソンと同様、あるときにラップを上げすぎたら、どこかで落とさないと、続かない。でも落としすぎると結果が出ない。

わたしは人並み以上の量の仕事をしている自信はありますが、無理はしていません。毎日七時間ほどは寝ます。早寝早起き、夜更かしをしない。だから、わたしは会食は好きですが、二次会には行きませんし、深酒もしません。

わたしも六十歳を過ぎましたが、同年代の人ではそろそろ早死する人が出てきました。

若くして亡くなった友人たちもいます。なれる最高の自分になるには、月並みなようですが、やはり健康管理が重要なのです。

四十代も後半になる、あるいは五十代に入るころから、それまで身体が丈夫で無理を重ねていた人たちも、何かと健康に気を使い出します。それ自体はとてもよいことです。でも本当は、もっと若いころからの不摂生が、五、六十代になって現れるのです。若いうちからの健康管理が重要なのです。そのためには、睡眠、運動、栄養という健康のための基礎知識を学ぶことと自己節制が必要です。

しかし、いくら厳しく自分を律したり管理することが大切だとはいっても、それだけでは気持ちがもちません。ときには自分を甘やかす。気分転換のために、心の健康管理をすることも必要です。ただし「ときには」ということが大事で、「いつも」甘やかしていたのでは、なれる最高の自分にはなれません。

第5章

なれる最高の自分に
なるための
考え方

54

考え方がすべてを決定する

稲盛和夫さんの「成功の方程式」をご存じですか？

「考え方×能力×熱意」

たしかに、成功するには、能力が必要なことは言うまでもありません。熱意も必要です。稲盛さんは、能力や熱意はそれぞれ、0点から100点まであるとおっしゃいます。ここに、「考え方」が加わるのが、稲盛さんらしい。そして、この「考え方」がすべてを決定するというのも、さすが稲盛さんです。

というのも、考え方には、マイナス100点からプラス100点まであるのです。どんなに能力と熱意があっても、考え方がマイナスだと、たとえマイナス1点でも、能力や熱意が高ければ高い分、成功から遠ざかってしまうということです！

本当にそうだと思います。テレビなどでそういう人たちを見るたびに、もったいないな、と思います。本人にとっても社会にとっても。せっかく能力があるのに。熱意もあるのに。プラスになる考え方を持てば、どれだけ自分も幸せになり、社会にも貢献できるかと思うと本当に残念です。頭のいい人は特に、能力さえあれば何とかなると思っているようですが、必ずしもそうではありません。大切なのは考え方です。

松下幸之助さんは、人生もビジネスも自然にうまくいくようにできているとおっしゃっていますが、考え方がしっかりしていることが大前提です。松下さんの本を読んでいても、基本的な考え方に関してのことがほとんどで、テクニック的なことは見当たりません。

本当に成功している人は、変なところに入り込んだりしないものなのですが、うまくいかない人というのは、はたから見ると、何か出られないような隘路に入っているように見えます。『論語』でいうところの「小径」ですね。小径というのは小道。大道の逆です。

天下には「大道」があって、そこを真っすぐ歩いていれば、事故もなく、自然にうまくいく。どの程度うまくいくかは、能力次第だけれど、とにかくうまくいく。なれる最高の自分になれる。だから大道を歩むことです。その前提は、正しい考え方を持つ、ということです。

それにしても、多くのビジネスパーソンが、とても素晴らしい能力や熱意を、この「考え方」の部分で、台なしにしてしまっているように見えます。大企業や役所でも立派な肩書を持った人たちの不祥事が増えています。そして、残念ながら、日本経済がこの三十年間も停滞しているのも事実です。わたしなりにその原因を考えてみました。

結論から言うと、やはり、戦後ＧＨＱがとった教育政策の影響が大きいと思います。かれら占領軍の第一ミッションは、日本に二度と戦争をさせない。二度とアメリカに逆らわせないことでした。そのためにまずやったことが教育改革でした。

かれらは戦前の日本人の考え方をすべて否定しました。そのくらいＧＨＱは日本人に恐怖感を持っていたとも言えます。真珠湾を突然攻撃した国、天皇を頂点とした国粋主義、全体主義教育をやっていた国。特攻隊を生み出す国の帰還兵たちが集結して反乱でも起こしたら……当時のアメリカ人が持っている日本人に対するイメージは、まったく理解不能のクレージーそのものでした。だから、とにかく戦前の教育をなくさせることを第一目標に、教育改革を行ったのです。女性の参政権、民主主義など、よい部分もありましたが、道徳教育もなくなりました。

九〇年代前半からの日本経済の停滞、その原因を最初、わたしはバブルの崩壊と冷戦構造の崩壊だと思っていました。冷戦で日本はアメリカから甘やかされていましたからね。

ところが、その影響がなくなったいまでも停滞は続いています。だとすると、別の要因を探さなければなりません。そこで気づいたのは、九〇年代前半というのは、戦前の教育をきちんと受けた人たちが引退していった時期とぴったり一致するということでした。戦前の教育をきちんと受けた人たちが、一九四五年当時、二十歳前後だとすると、一九九〇年はそれから四十五年。政財官界から引退していくころだったのです。

結局、国も企業も、どんな組織も、リーダー次第です。リーダーにかかっています。それもリーダーの考え方に、です。戦前の教育で教えられていた儒教や仏教の基本的な考え方というのは、実は、リーダーシップを中心とする成功の原則だったのです。ところが多くの人はそのことを分かっていませんし、その内容を知りません。勉強していないからです。勉強していない人たちがリーダーの世代になって、日本経済はずっと停滞しているのです。

けれども、わたしは希望を捨てていません。そのことに気づいた人はいまからでも勉強できるからです。学校教育は変わりつつあるようですが、すでに卒業してしまったわたしたちも、自分で学ぶことはできます。正しい考え方をまず学ぶことです。

55

古典に学ぶ

では、正しい「考え方」とはどんなものでしょうか？

別に難しいことではありません。戦前の全体主義を学べということでももちろんありません。人間としての基本的なあり方と言ったらいいでしょうか。たとえば、第四章でも触れた儒教の八つの徳目、「仁・義・礼・智・忠・信・孝・悌」のようなことです。

順に、ざっと説明しましょう。

仁は一般的には愛情と訳されていますが、仁という字は、人が二人と書きます。人が二人以上いると、必ずリーダーが必要になってきます。そのリーダーが持つ愛情のことを仁というのです。つまり、人を育む愛です。優しく育てる愛というより、厳しいことも言う愛です。

厳しいことを言うと、最近の若い子はすぐ辞めたり落ち込んだりしてしまうからほめて育てるなどという人がいますが、上司に対し信頼があり、そして部下への愛情があれば、厳しいことを言っても伝わるのではないでしょうか。それも分からない人を引き留めておく必要はありません。チームのため、その人のために、言わないといけないことは言う。それがリーダーが持つ愛情。それが仁です。


次に、**義**。少々難しい概念ですが、全体のことを考える、と訳すのがいちばん分かりやすいと思います。義に反する言葉は利。自分のことしか考えないことです。

多くの人がここでつまずきます。アメリカはあれだけ利己主義的なのになぜうまくいくのか？　それは、キリスト教精神やプロテスタンティズムが根底にあるからです。わたしが卒業したダートマス大学でも、結局、卒業生の中で尊敬されるのは、たくさん寄付した人です。プロテスタントの世界では、一生懸命働くのは、神様への奉仕。そして、稼いだお金をどれだけ社会に還元するかが大切なのです。

投資家のウォーレン・バフェットはプロテスタントではないと言っていますが、かれは自分の財産約八兆円を、すべて寄付すると言っています。だからアメリカで最も尊敬される人間の一人なのです。

「先義後利」という言葉があります。先に義、後に利。これには二つの意味があります。先に全体のことを考え、自分のことは後で考えなさいという意味と、義を先にすると、利は後からついてくるという意味。ここでは、それを実践して明治の実業界で大成功した渋沢栄一翁を例にとってみましょう。

かれは、埼玉県深谷の豪農の息子でしたが、その優秀さを買われて、最後の将軍一橋慶喜に抱えられ、幕府が倒れた後も政府高官として新政府に迎え入れられました。

当時、政府高官は収入も高く、権威もある職業だったのですが、渋沢は何を思ったか、ビジネスをやると言い出します。ビジネスは当時、最もさげすまれる仕事でした。士農工商はまだ色濃く残っていたのですね。ところが自分は実業でこの国をよくすると言った。その根幹に据えたのが『論語』でした。『論語と算盤』という本に詳しく書かれています。

結局、渋沢は五百の営利法人、六百の非営利法人を設立、ことごとく成功させました。五百の営利法人で、いまも残っているもののうち最も有名なのはみずほ銀行です。その前身である第一銀行の創設者なのです。非営利法人としては、東京高商、いまの一橋大学の創設者でもあります。

渋沢栄一は、『論語』の考え方をベースにビジネスを行いました。その中でも特に先義後利を大切にし、まず義、全体のことを考えました。いまの人がうまくいかないのは、まず自分のことを考えるからです。先にお客さま、同僚のこと、世の中のことを考える。そのほうが間違いなく人に好かれます。そうすると、利もついてきます。逆に言えば、利がついてくるほど人に認められるよい仕事をしろ、ということです。

次に**礼**。ビジネススクールを出て三十年以上経ちますが、コミュニケーションの授業で、いまでもよく覚えているのは、「Proper attire」ということです。attireというのは、服装のこと。その場にふさわしい服装をしなさい、と教えられました。それが礼です。そして、もちろん、言葉遣いも大切です。適切な言葉を使う。最近では部下が年長者ということも多くなっていますが、年長者への言葉遣いなどの礼も大切です。

続いて、**智**。ピーター・ドラッカーは、二十世紀は資本の時代、二十一世紀は智の時代、知恵の時代だと言っています。二十世紀の成功のパターンはだいたい決まっていて、一生懸命働いて家内工業でお金を作り、それを資本優位なところにどんどん注ぎ込んでいく。鉄鋼業、鉄道業、通信業など、資本が参入障壁となるインフラ産業で、会社を大きくしていきました。インフラが整っていない時代でしたから、最初にインフラをつくった人が勝ちだったわけです。その時代、資本がないと、たとえ頭がよくても、それを生かすことはできませんでした。

それがいまはどうでしょう？　たとえば、ビル・ゲイツ。かれは仲間二人といっしょにガレージで始めたビジネスモデルをほとんど変えずに世界有数の金持ちになっています。そこには資本など関係していません。もちろん、のちに資本は寄ってきましたけれど。それから、マーク・ザッカーバーグ、かれはハーバードの自分の寮で考えたソフトをベースに、そのまま世界に拡大し、世界有数の金持ちになりました。

つまり、二十一世紀型のビジネスでは、知恵さえあれば一人でも世界一の金持ちになれるのです。資本の介入なしに。だから、知恵の時代なのです。資本型の産業がなくなることはありませんが、知恵を出せるかどうかが重要になってくるのです。

次に、**忠**。一般的には忠義という言葉として使われることが多いですが、大事なのは忠そのもの。この漢字をよく見ると、中の心と書きます。つまり、ぶれないという意味です。正しい考え方を身につけて、それをぶれさせないということです。ぶれる人には人はついてきません。ただし、戦略などは方法論ですからぶれさせてもかまいません。重要なのは、ここで説明しているような基本的な考え方をぶれさせないということです。

そして、**信**。これについては、先にもお話ししました。言ったことを守るということです。そうすると、人の信用が得られます。ついでに、思ったこともやる。そうすると、実行力がつきます。

それから、**孝**。親孝行です。二代目、三代目社長のお客さまが多いので、よく見ていますが、親孝行して不幸になった人はいないとわたしは思います。もちろん、考え方の偏った親もたくさんいるでしょう。けれども、親がいるから自分がいる、そのことは間違いありません。

そして、**悌**。これは弟の分を守り、年長者に従順に仕えるということです。現代風に言えば、兄弟仲良くということです。これも特に、オーナー企業の二代目、三代目の方々に限らず身に染みていただきたいと思っています!

以上、**仁・義・礼・智・忠・信・孝・悌**、これを守っていたら、人生だいたいうまくいくと思いませんか?

56
宗教に学ぶ

わたしの家の菩提寺は天台宗で、東京の下町にあるのですが、その本堂に、「施無畏」と書かれた額がかかっています。畏れ無きを施す、つまり、人の畏れをなくす、という意味です。畏れのない人生、それを悟りというのかどうかは知りませんが、仏教にとってはとても大事なテーマです。そもそも宗教というのは、人の畏れをなくすことを大きな目的としているのです。ですから、人生のどこかの時点で宗教を勉強してみるのも、とてもいいことだと思います。

四苦八苦という言葉がありますが、四苦の苦とは、生老病死。見てお分かりのように、生きる苦しみ、老いる苦しみ、病の苦しみ、死の苦しみ。これに、さらに四つの苦を加えて、四苦八苦といいます。
ちなみに、残りの四つとは、
「愛別離苦（あいべつりく）」（愛する人や物と別れる苦しみ）、
「怨憎会苦（おんぞうえく）」（会いたくない人や物と会わなければならない苦しみ）
「求不得苦（ぐふとっく）」（求める物が得られない苦しみ）
「五陰盛苦（ごおんじょうく）」（肉体があるがゆえの苦しみ）

こういうことを少し知っていると、自分のいまの苦しみも、何千年前の人々と変わらないということが分かって、少し楽になるのではないでしょうか。


仏教というと、一般の人にも有名なのが般若心経です。般若心経のCD付きの本や、写経をするための本が流行ったこともあります。

実は、わたしも高校生のときに、般若心経の写経をしました。

当時、薬師寺の管主をしていた故高田好胤さんが、消失してしまったお堂を建て直すために、百万巻の写経というのを行っておられました。一人一巻ずつ写経してください、そのときに千円とか二千円、その程度ですが寄進してくださいと。で、母に言われて、わたしも般若心経を写経したわけです。

もちろん、当時は、意味などまったく分かりませんでしたが、三十代になって、少々人生に悩んだときがあり、そのときはこの般若心経をあらためて勉強し、救いになったものです。

般若心経の最後は「羯諦羯諦、波羅羯諦、波羅僧羯諦　菩提薩婆訶」と呪文のようなものがあって終わるのですが、その写経には、その後に、「かたよらないこころ、こだわらないこころ、とらわれないこころ、それが般若心経、空のこころ」と書かれていました。

かたよらない、こだわらない、とらわれない。

実はさらに続きがあることを、十年ほど前に思い出しました。

ひろく、ひろく、もっとひろく。

そう書いてありました。それが般若心経、空のこころだと。

かたよらないこころ、こだわらないこころ、とらわれないこころ、
ひろく、ひろく、もっとひろく。

たしかそのとき、ひろくは、ひらがなで書いてあったと思います。いまにして思うと、寛容の寛。寛くだと思います。すなわち、人の行動を許す。

かたよらない、こだわらない、とらわれないについては、結構自信がありますが、寛くには、まだ自信がありません。他人に対する寛容さが足りないなと、いつも反省しています。

57

積極思考をする

うまくいく人というのはみな、積極思考、つまり、前向きです。前向きでないと、何事もうまくいきません。では、自分や人が前向きかどうかは、どうやって判断するのでしょうか？

わたしの判断基準は、「人を心からほめることができるかどうか」ということです。

みなさんもそう、わたしもそうですが、人には必ず、いい面と悪い面があります。いい面を見るからほめられる、悪い面を見るからけなす。で、成功する人というのは、前向きですから、人についても、いい面を見ることができます。だから、人を心からほめられる。

その人のいい面をうまく活用できる人が、リーダーとして成功する人なのです。

別の言い方をすると、人を心からほめられるということは積極思考だということです。

ものごとのいい面、やれると思う面を見るからです。

さらには、積極思考ができるかどうかは、結局、自分を信じられるかどうか、将来を信じられるかどうか、というところが大きいように思います。

わたしは、若いころ、左手の手首に輪ゴムをはめて、ネガティブな思考になったらそれを引っ張って放す、というのを一年間ほど行っていました。そうやって、ネガティブな思考を断ち切ろうとしていました。それだけ、昔のわたしはネガティブ人間だったのかもしれません。何かの本に書いてあった方法ですが、それだけでも結構、前向き思考になれました。

いまでも頭に来ることはたくさんあります。でも、ネガティブなことを考えていても意味はありませんので、その場で断ち切ります。ネガティブなことではなく、前向きのことを考えようと思うようにしています。

58 うまく人にあこがれる

うまく人にあこがれることも大事です。というのも、わたしたちはともすれば、成功している人に嫉妬して、その人をきちんと評価し受け入れようとはしないからです。遠い存在の人なら、講演を聴きに行ったり本を読んだりして「心酔」するかもしれませんが、それが身近な人となると、なかなか素直にあこがれられない。あらを探そうとします。けれども、誰にでも、いいところと悪いところがあります。特に成功する人は、いいところがあるから成功しているのです。もちろん、悪いところもあるでしょう。そこは真似しなければいいだけの話です。

守破離という言葉があります。守というのは、うまくいってる人を、そのまま真似なさいということ。そこからの応用が破で、離はオリジナル。守がしっかりしていない限り、破と離はありません。

一方、部下が育たない人、というのがいます。自分より優秀な人の芽を摘んでしまうのです。たいていの場合、嫉妬や保身がからんでいます。

松下幸之助さんの有名な言葉に、「半分は部下に教えてもらう」というのがあります。相手に対して、あこがれの気持ちや敬意を持たない限り、相手の言っていることは受け入れられません。衆知を集めるというのは、何も偉い人からだけではなく、部下からも、子どもからも知恵を集めることです。学べることはたくさんあります。

どうしたら、素直に人から学べるか？　前向き、上昇志向と、いろいろな書き方をしてきましたが、要は、自分はまだまだ足りないと思うことです。足りないから学べる。そして、自分を信じることです。自分にはできる、と思えるかどうかは、小さいころの育てられ方や成功体験の影響もありますが、いまからでも間に合います。あこがれる人を持ち、自分を信じながらも自分の足りなさを自覚し、小さな成功体験を積み重ねていくことです。

59

一隅を照らしていることを知る

「一隅を照らすもの、これすなわち国宝なり」

「はじめに」でも、ご紹介した伝教大師の言葉です。

若いころ、偶然、うちの菩提寺の出口のところに貼ってあったポスターに書いてあるのが目に入りました。見た瞬間、電に打たれたような衝撃を覚えました。文字が向こうから飛び込んでくるような瞬間でした。

ちょうど人生に迷っていたときでした。自分が何のために生まれてきたのか、そもそも自分に価値があるのかどうか、悩んでいたときでした。だからこそ、その文字が目に入ってきたのでしょう。

わたしの解釈では、世の中は、真っ暗闇の迷路。そして、人間一人ひとりがホタルなんです。脚光を浴びているところというのは、ホタルがいっぱいいるところです。ものすごく明るい。でも、ホタル一匹だけでもいれば、そこは明るい。暗闇の一隅を照らします。つまり、人それぞれ、持ち場持ち場で、強みを生かして、己の仕事を全うする。隣の芝生は青く見えるものですが、目の前に与えられている仕事を神様から与えられたものとして全うすること。世の中が認めないときもあるでしょう。でもたとえ世の中が認めてくれなくとも、自分はたしかに一隅を照らしているのだと割り切って、照らし続けること。

そういう教えでした。

一隅を照らし続けるうちに実力をつけて、自分という光が大きくなれば、その分、世の中を明るくすることができます。他のホタルが寄ってくることもあるでしょう。すると、いままで光が当たらなかった部分もまた照らすことができます。

人が生きる本質というのは、そういうことだと分かった瞬間でした。

60

人生の原理原則を学ぶ

ソクラテスと孔子とお釈迦さまが生まれて布教した時期が、ほとんど同時期であることをご存じでしょうか。ともに、約二千五百年前です。ほとんど同じ時期に生きているのです。

最近、かれらが生まれる何千年も前から、同じ原理原則があったのではないかと考えるようになりました。ただ、それが残る形になるにはテクノロジーが必要で、そのテクノロジーがそろったのが、ちょうど二千年から二千五百年前のころで、喋っていることを残るようにするさまざまな技術が一気に生まれたのだろうと。

すなわち、かれら自身は偉大な哲学者ですが、それ以前からもともとあった思想が、ある程度洗練された形で出てきたのではないかと思うわけです。だから、その三人が生きている時期が同じなのは、偶然ではない。

言い方をかえると、人間の本質や正しい考え方というものは、古来ずっと同じだということです。これを学ぶことが大切なのです。

ですから、ここまで、わたし自身が儒教と仏教から得た学びを中心に書いてきましたが、キリスト教でもイスラム教でもいい。いずれにしても、その原理原則や本質をきちっと理解するということがとても大切なのです。

61 正しい信念を持つ

ものごとを成し遂げるには、それを実現する、という強い信念を持つことが重要です。それがないと、さまざまに訪れる障害を乗り越えていくことはできません。

が、いうまでもなく、それは、正しい信念でなければなりません。「この会社は俺のベンツを維持するためにある」とか、「創業者一族だけがよければいい」とか、そんな間違った信念を持ってはいけませんと、経営者向けの講演でよく話します。みなさん笑いますが、心当たりがあるからでしょうか。「そんなの当たり前でしょう、何言ってるんですか、小宮さん」みたいな反応は、残念ながら、いまのところありません。

間違った信念でもエネルギーは出るわけです。それが怖いところです。

わたしが師と仰ぐ故藤本幸邦先生は、小さなお寺の住職でありながら、曹洞宗大本山永平寺の最高顧問にまで就かれた方ですが、お若いころから本当に立派な方でした。

戦争から帰ってきてほどなく、上野駅の地下で、戦争孤児の子どもたち三人に、持っていたリンゴをかっぱらわれそうになりました。そこで藤本先生がどうなさったかというと、三人をそのまま汽車に乗せ、長野の篠ノ井まで連れて帰って、自分のところのお堂に住まわせた。そして、愛育園と名付けた恵まれない子の施設を始めたのです。

ただ、ここまでなら、他にもこうした篤志家はいらしゃると思います。藤本先生のすごいところは、自分のところで預かれるのはせいぜい五十名、限界があると、全国の曹洞宗のお寺に働きかけて、一つのお寺で一人の戦災孤児を養ってやってくださいという運動を始め、広めていったのです。その後、戦災孤児も減っていきましたが、愛育園はいまでも恵まれない子どもたちを預かっています。また、いまでは、ドイツのシュタイナー教育を行う幼稚園と保育園も併設し、過疎地域だというのに、入園児募集時には、行列ができるそうです。

それだけではありません。同じように恵まれない子どもたちのための学校を、中国やカンボジア、バングラデシュにも建てたのです。晩年には、アフリカの奥地に大きな水のタンクを贈るという運動もやっておられました。アフリカの奥地には、水汲みの仕事のために学校に行けない子どもたちがたくさんいるので、その回数を減らそうとされたのです。日本国内では、地元近くの信州大学と新潟大学の恵まれない地域から来た留学生たちに、毎年一万円分の本を贈るという運動もやっています。

また、生飯（さば）といって、ご飯を食べたら小鳥たちのために七粒の米粒を残すという作法が仏教にあるのですが、その精神を汲んだ一食一円のＳＡＢＡ運動というのも始められました。わたしはその東京事務局長として、お客さまの会社などにご協力をお願いしています。

こうして、九十歳を過ぎても一人でカンボジアに行かれたりしていた藤本先生のそのエネルギーと行動力を支えたのは、やはり「信念」だったと思います。世界の恵まれない子どもたちを救うという信念。正しい信念を持つことが人をここまで偉大にするのです。

その藤本先生も八年前に、数え年で百歳、満九十九歳で亡くなってしまわれました。いまでは、息子さんがその志を継いでおられます。

わたしがその藤本先生と知り合ったのは、二十五年ほど前の、先生が八十四歳だったときです。福岡で行われたある会社のパーティで、同席させていただいたのです。

ちょうど人生に悩み、仏教書とか禅の本を読みあさっていた後でしたので、先生に本気でいろいろと質問させていただいたら、向こうも気に入ってくださったのです。しかも、その直後、わたしは国連の選挙監視活動でカンボジアにボランティアに行きましたので、口先だけではない奴だと思っていただくことができたのだと思います。

その後、突然、先生から電話があり、上野の松坂屋に来てくれとおっしゃる。行くと、読売新聞社主催の「正力松太郎賞仏教伝道賞」の授賞式でした。毎年一人、宗派を問わず、仏教に貢献した宗教家を選ぶもので、藤本先生がその年の仏教伝道賞に選ばれたのです。

実は、藤本先生のような立派な方が、どうしてもっと有名にならないんだろうと、思っていました。もっとアピールすればいいのではないかとも。

でも、世の中はちゃんと見ている。天知る、地知る、人も知るで、本当にいいことをやっていたら、それは知られる。先生は、そのことをわたしに教えたかったのかもしれません。と同時に、人が知ってくれるぐらいのいいことをやらないとだめだということも。

62

感謝する

わたしは、「ありがたい」という字は、必ず漢字の「有難い」を使います。「有ることが難しい」ということです。お客さまがいらっしゃることが当たり前、仕事があることが当たり前、社員がいることが当たり前、健康なのが当たり前。何でも有るのが当たり前だと思うと、感謝の気持ちが出ません。

わたしは、四十八歳のときに肺がんを経験していますから、それ以降は、健康を当たり前だとは思えなくなりました。何か、大きな経験をするとそう思えるものです。

そして、有難い、有ることが難しいと思っていると、感謝の気持ちが出るようになります。

感謝の気持ちが出ると、人間、素直に謙虚になれます。また前向きにもなれます。

うまくいかない人は、俺が頑張ったからなんとかできたとか、俺のおかげでなんとかなっているなどと言います。感謝の気持ちなど持っていないのです。

でもそんな人は、誰との関係においても、なかなか長続きしません。人に好かれないからです。

ですから、「有難い」という感謝の気持ちを本心から持つことです。

63

大きな夢を持つ

実はわたしがいま、とても悔やんでいるのは、若いころから、もっと大きなところを目指すべきだった、もっと大きな夢を持つべきだったということです。たとえば、経営コンサルタントの大先輩の船井幸雄さん。仲良くしてくださって、共著も出していただいたのですが、かれの会社は一部上場会社。かたや、うちは、たった十二人の会社です。

わたしはずっと日本一の経営コンサルタントになろうと思ってきました。雑誌などの連載の数や回数、テレビの出演数、書籍の出版点数、講演の回数、講演料など、受けている評価は悪くないと思います。社外役員や顧問をしている会社も多数あり、コンサルタントの腕としても悪くないと思う。それらを目指してきたからです。

でも、わたしの会社を、日本一の経営コンサルティング会社や大きな会社にしようという気はありませんでした。よその会社が上場するのを何社も手伝ってきていますから、その方法も分かっているのに、自分の会社を上場させようとは思ってもみませんでした。コンサルタントが数百人とかいる会社ではなく、自分や少数のコンサルタントが高い評価を得るスモールリッチカンパニーを目指したのです。

それが大きな間違いでした。目指したものはある程度は実現しましたが、目指したものが違っていました。夢が小さかったのです。

業界内では知られていても、社会全体では、小宮コンサルタンツって何？　という話です。わたしの評価は高くなったけれど、では、社員のみんなの評価はどうなの？　という話です。そして、わたしがいなくなったら続くかどうかも不安です。それは、経営コンサルタント小宮一慶としてはいちばん恥ずかしいことです。

わたしが生きている間にできるかどうか分かりませんが、いまからでももっと大きな夢の実現を目指したいと思っています。

64

あきらめない

東京銀行時代からの四十年近くの親友がいます。かれはわたしの会社の、わたしはかれの会社の、それぞれ社外役員をしています。かれは本当に優秀で、わたしより一年早く、名門のビジネススクールに留学。そこを上位何%かの優秀な成績で卒業。その後、超一流の外資系金融機関に転職し、そこのマネジング・ディレクターにまでなりました。全世界に数百人の、金融界では神様みたいな存在でした。

かれを見ていると、成功者のひとつの資質がよく分かります。

かれいわく、しつこい。何事もあきらめたら負け。決してあきらめないのです。

実は、かれの会社は投資ファンドの会社ですが、これまで一回も損をしたことはありません。敵対的買収をしないのをポリシーに、会社を買収して、経営権を得て、経営をよりよくして売る、というファンドで、これまで上場会社も含めて十社以上買収しました。景気や日経平均株価によっても会社の値段は左右されるので、非常に難しい仕事なのですが、リーマンショックの時期も乗り越えて、投資で一社も損したことがありません。

そして、それは、かれのしつこさというか、とにかくやれるところまでやるんだ、とことんやり尽くすという、仕事に対する熱意や執念によるところが大きいと思います。わたしは割とあっさりしているほうなので、かれには本当に教えられています。

やると言ったからにはやれるところまで必ずやる。自分で納得するまで必ずやる。自分でベストを尽くしきった！　というところまでやる。若いうちは特にそうです。

まあ、このあたりでいいか、とか、やっぱり無理だからあきらめようかとか、そういう思いは敵です。誰よりもまず、自分で自分が納得できない、と思ってほしいと思います。

もちろん、そこまでやっても評価されるとは限らない。特に若いうちの仕事なんて、もともとがさほどレベルが高いものではありません。でも、徹底的にしつこくやり尽くす、という習慣を身につけておくことで、いずれ力がついたときに、世間が評価する仕事ができるようになるのです。

65

素直でいる

素直。やはり、これが、「なれる最高の自分」になるうえで、もっとも重要な条件でしょう。人の知恵を生かすのも、人という資産を生かすのも、素直さと謙虚さ次第です。

わたしは、その素直さにも段階があると考えています。それを「素直のスリーステップ」と呼んでいます。

まず、素直のファーストステップは、「人の話を聞く」ということです。

安岡正篤先生の本に、話を聞く態度で、その人物の練られ具合が分かる、とあります。

さらに、松下幸之助さんは、素直でない人には弊害が二つある、とおっしゃっています。

一つは、素直じゃない人は人の話を聞けないから、人の知恵を生かせない。二つめは、人の話を聞かないから、やがて人が話してくれなくなる。その延長線上で、人が助けてくれなくなる、と。

聞くということは、あなたが思っている以上に、とても大事なことなのです。

ただし、先にもお話ししたように、何が正しいかという価値観のベースを持っていないと、悪い考え方を持った人にだまされてしまいます。繰り返しますが、ベースとして、何千年もの間、人が正しいと言ってきたことを古典などを通して勉強すること。そうやって、きちんとした自分のベースを持つことが大切です。

素直のセカンドステップは、いいなと思ったことでリスクの小さいことは、とにかくやってみる、ということです。たとえば、『道をひらく』っていい本ですよと言われたら、まずは読んでみる。

そして、やってみてよかったら、ずっと続ける。ものによっては、一生続ける。これが、素直のスリーステップめです。

いいことをずっと続けていれば、世間の評価も上がり、その結果、社会的な地位も上がってきますし、収入も増えます。そうすると、やれることがさらに増えるのです。

いまではシニア世代となったＰＨＰ研究所の方からうかがった話です。

かれが新人編集者のころ、松下幸之助さんとお話する機会をいただいたそうなのですが、そこで、松下さんが、成功するためにひとつだけ大事なことは何か分かるか？　と、その場にいた新入社員たちに尋ねたそうです。

松下さんのことを勉強しているＰＨＰの人たちですから、誰かがすかさず、素直さですと答えたところ「そのとおりだ。よく勉強している」とほめたうえで、松下さんがおっしゃったそうです。

「あんたたち新入社員は若いから素直だと思っているだろうけど、自分は素直さにおいて、君たちに絶対負けない自信がある」と。

なぜですか？　と聞くと、松下幸之助さんいわく、自分は、朝起きたときには必ず神棚に向かって、今日一日素直であれますようにと祈り、夜寝る前には必ず、今日一日素直であったかどうかを反省する。それを、あんたたちが生まれる前からやっているんだから、絶対負けない自信がある、と。

やっぱり、素直も訓練なのです。多分、松下さんは、素直でないがゆえに苦労されたことがあったのでしょう。それで、素直になりたいと願い、素直であるかどうかを反省し続けたのでしょう。

わたしもときどき講演で、素直な人、手を挙げてくださいと尋ねてみます。手を挙げる人もいます。悪いことではありません。ただし、自分で自分を素直だと思っていたら、それ以上、素直さは伸びないのではないでしょうか？

自分は素直でないとか、勉強できてないんだとか、まだまだ人間ができていない、と思っているぐらいでちょうどいいのだと思います。

ＧＯＯＤという状態はＧＲＥＡＴ、すなわち、なれる最高の自分の敵です。

あとがき

　わたしは、還暦を過ぎましたが、いまでも結構たくさんのお仕事をさせてもらっています。小宮コンサルタンツという十二人の小さな会社を経営する他に、六社の社外役員、五社の顧問をしています。わたしがおもにお話するセミナーの会員さんも、オーナー経営者を中心に四百五十名ほどいらっしゃいます。名古屋大学の客員教授もしています。その他にテレビ出演、月に九本の連載、さらには年に数冊の本の執筆もしています。

　この年になっても、多くのお仕事ができるのは、もちろん、スタッフやお客さまのご協力があってのことですが、この本で紹介した先人たちの素晴らしい考え方に支えられたからであることも間違いありません。

　わたしは、自分からは売り込まないことをポリシーにしていますが、それでも、これだけのお仕事をさせていただけることは、自分としての考え方のベースがあったからかもしれません。それも多くの方に教えていただいたことです。

つねになれる最高の自分を目指しながら、世間が評価するぐらいの仕事をする。GOODで満足せずに、つねにGREATを目指す。そのことをわたしは自分の仕事についての考え方の中心に据えてきました。

たいへん失礼な言い方ですが、わたしどもがコンサルティングする相手も、メジャーリーグの会社もあれば、日本のプロ野球の三軍、あるいは草野球みたいな会社もあるわけです。わたしは草野球でお仕事をするときも、メジャーリーグで活躍できるぐらいの実力で挑みます。つねに、ベストを尽くすことでGREATになりたいと思っているからです。

当たり前のようですが、どんなレベルでもコンサルタントになると、草野球の会社に行けば、先生、先生と呼ばれ、そこそこのお金をもらって、夜になると、先生一杯行きましょうと、持ち上げられる。向上心のないコンサルタントはそれで満足してしまうのです。それでは、自分もお客さまも不幸です。

わたしが、お客さまに絶対、先生と呼ばせないのは、わたしの向上心を損なうからです。さらに言えば、よい仕事の妨げになることもあるからです。

実は、昔、先生と呼ばれて、しくじったことがありました。先生と呼ぶとき、相手はどうしても、上目遣いの目線となります。呼ばれたほうは上から目線。そうすると、お客さまは会社の恥ずかしいところを見せなくなります。財務諸表なども調子が悪いと、きちんと見せてくれなくなるのです。それでつぶれた会社がありました。きちんと見せてくれていたら、もっと打てた手はあったはずでした。

いずれにしても、それは、わたしにも大きな責任があったのです。それ以来、自分をつねに、素直で謙虚でいさせることと、腕を上げることも含めて、なれる最高の自分を目指すことを、いまでも自分に言い聞かせています。

この本をお読みになったみなさんも、先人の教えに素直かつ謙虚に耳を傾け、それを実践する。そして、なれる最高の自分を目指していけば、必ず、自分が思い描いた人生に到達できると思います。この本が、その一助になれば、これ以上の喜びはありません。

最後に、本書作成に当たり、ディスカヴァー・トゥエンティワンの干場弓子社長には、いつものように、たいへんお世話になりました。彼女なしにこの本はここまで仕上がらなかったことは間違いありません。この場を借りて心よりお礼申し上げます。

二〇一八年冬

小宮一慶

なれる最高の自分になる

発行日　2018年12月30日　第1刷
　　　　2019年 3 月15日　第2刷

Author　小宮一慶

Book Designer　竹内雄二

Publication　株式会社ディスカヴァー・トゥエンティワン
〒102-0093　東京都千代田区平河町2-16-1　平河町森タワー 11F
TEL　03-3237-8321(代表)　03-3237-8345(営業)
FAX　03-3237-8323
http://www.d21.co.jp

Publisher　干場弓子
Editor　干場弓子+渡辺基志

Marketing Group
Staff　清水達也　小田孝文　井筒浩　千葉潤子　飯田智樹　佐藤昌幸　谷口奈緒美　古矢薫　蛯原昇　安永智洋　鍋田匠伴　榊原僚　佐竹祐哉　廣内悠理　梅本翔太　田中姫菜　橋本莉奈　川島理　庄司知世　谷中卓　小木曽礼丈　越野志絵良　佐々木玲奈　高橋雛乃

Productive Group
Staff　藤田浩芳　千葉正幸　原典宏　林秀樹　三谷祐一　大山聡子　大竹朝子　堀部直人　林拓馬　松石悠　木下智尋

Digital Group
Staff　伊藤光太郎　西川なつか　伊東佑真　牧野類　倉田華　高良彰子　佐藤淳基　岡本典子　三輪真也　榎本貴子

Global & Public Relations Group
Staff　郭迪　田中亜紀　杉田彰子　奥田千晶　連苑如　施華琴

Operations & Management & Accounting Group
Staff　松原史与志　中澤泰宏　小関勝則　山中麻吏　小田木もも　池田望　福永友紀

Assistant Staff
俵敬子　町田加奈子　丸山香織　井澤徳子　藤井多穂子　藤井かおり　葛目美枝子　伊藤香　鈴木洋子　石橋佐知子　伊藤由美　畑野衣見　井上竜之介　斎藤悠人　宮崎陽子　並木楓　三角真穂

Proofreader　文字工房燦光
DTP　アーティザンカンパニー株式会社
Printing　中央精版印刷株式会社

ISBN978-4-7993-2402-8